DAS GEBET VIELER

Copyright © 2019 Mike Betts
First published 2019
The right of Mike Betts to be identified as the author of this work has been asserted by him in accordance with the Copyright, Designs and Patents Act 1988

Übersetzt aus dem Englischen von Susanne Herrmann

All rights reserved. No part of this publication may be reproduced or transmitted in any form or by any means, electronic or mechanical, including photocopy, recording, or any information storage and retrieval system, without permission in writing from the publisher.

Published by Relational Mission
Jubilee Family Centre, Norwich Road, Aylsham, Norfolk, NR11 6JG, UK
www.relationalmission.com

ISBN 978-1-9162781-0-3

Die Bibelstellen sind zitiert nach:
Elberfelder Bibel (2010), 3. Auflage der Standardausgabe, © 1985/1991/2006 SCM R. Brockhaus Witten Brockhaus.: SCM
Gute Nachricht Bibel (GNB), revidierte Fassung, durchgesehene Ausgabe, © 2000 Deutsche Bibelgesellschaft, Stuttgart. Alle Rechte vorbehalten. in: https://www.bibleserver.com/text/GNB/2.K%C3%B6nige3 [13.08.2019]
NGÜ (2011), 1. Auflage, © Genfer Bibelgesellschaft, 1032 Romanel-sur-Lausanne, Schweiz.
Die Bibel nach Martin Luthers Übersetzung, revidiert 2017, © 2016 Deutsche Bibelgesellschaft, Stuttgart in www.die-bibel.de [08.07.2019].

A catalogue record of this book is available from the British Library

Cover Design by Daniel Goodman
Typeset in Adobe Garamond Pro & Garamond

Das Gebet Vieler ist ein Buch, das die Gemeinde zum Gemeinsamen Gebet auffordert. Auf jeder Seite finden sich Bilder und Verse aus der Bibel, die die Dynamik und die Bedeutung dieser Art des Gebets veranschaulichen. Dies ist ein Buch, das die Reise beschreibt, auf die sich Mike und sein Team gemacht haben, mit dem Ziel das Gemeinsame Gebet allen zugänglich zu machen, in einer Gemeinde-familiären Atmosphäre voller Freude und Lobpreis.

STUART BELL
Senior-Pastor – Alive Church, Lincoln, England

Mike hat (mit seinem Buch) ein großartiges Hilfsmittel geschaffen, das nicht nur Viele dazu anregen wird zu beten, sondern das auch praktisches Werkzeug an die Hand gibt, mit dessen Hilfe das Gemeinsame Gebet aufrecht erhalten und die Gebetsveranstaltung erneut zum Maschinenraum der Gemeinde werden kann. Biblisch, leidenschaftlich und demütig, geradeso wie der Autor.

MIKE PILAVACHI
Soul Survivor

Mike sieht das Gemeinsame Gebet als den Maschinenraum des Gemeindelebens an – ohne es scheitern wir. Er vermittelt tiefe Einsicht und gibt praktische Anleitung, auf welche Weise das gemeinsame Gebet eine vereinte Armee hervorbringt, die leidenschaftlich dafür brennt, Gottes Absichten in Erfüllung gehen zu sehen. Eine fesselnde Lektüre und Material, das jede Gemeinde hoch motivieren wird, sich ihm anzuschließen.

LIZ HOLDEN
New Ground Churches

Wenn man dieses Buch liest, sollte man bereit sein, sich aufwecken & anspornen zu lassen zu persönlichem & gemeinsamem Gebet. Jesus rügte seine Jünger, weil sie nicht einmal eine Stunde mit ihm wachen & beten konnten. Wir leben in einer Zeit, in der viele Christen (dieser Generation) die Disziplin & den Akt des Gebets durch ein anderes Programm ersetzt haben. Matthäus 26, 40-41 „Wacht & betet, damit ihr nicht in Versuchung geratet!" (NGÜ). Lasst uns das Gebet niemals hinten anstellen, weil Gebet funktioniert!

EDWARD BURIA
Kerith Church, Meru, Kenya

DAS GEBET VIELER

Von Mike Betts

Übersetzt aus dem Englischen von Susanne Herrmann

Herausgegeben von *Relational Mission*

Für Walter Long und Joan Gowing.
Ich verdanke ihnen viel aufgrund ihrer Anwesenheit, ihrer Leidenschaft und ihren Bitten beim Gebet zu Gott in meiner Ortsgemeinde – das hat mich durchweg in meinem christlichen Leben nicht nur die absolute Notwendigkeit des gemeinsamen Gebets gelehrt, sondern hat mir auch eine Vorstellung davon vermittelt, wie man in einem solchen Rahmen beten kann, und es hat auf diese Weise unausweichlich den Weg für einen Großteil des Segens geebnet, den ich das Vorrecht hatte Vorort im Gemeindeleben zu sehen.
Und das Beste kommt erst noch!

INHALT

VORWORT & DANKSAGUNGEN

1 REVOLUTION   1
EIN AUFRUF ZUR REVOLUTION DES GEMEINSAMEN GEBETES

2 BEWÄSSERUNGSGRÄBEN   16
BETEN IST WIE BEWÄSSERUNGSGRÄBEN AUSHEBEN, WENN HOCHWASSER BEVORSTEHT

3 KÄMPFEN   33
GEMEINSAMES GEBET IST WIE BEWAFFNETER KAMPF

4 FEUER   52
GEMEINSAMES GEBET IST WIE FEUER ENTFACHEN

5 ORCHESTER   66
GEMEINSAMES GEBET IST WIE IM ORCHESTER SPIELEN

6 FAMILIE   85
GEMEINSAMES GEBET ARBEITET MIT DER FAMILIENDYNAMIK

7 RÄUMUNGSBEFEHL   107
GEMEINSAMES GEBET IST, WIE WENN MAN DEM TEUFEL EINEN RÄUMUNGSBEFEHL ERTEILT

8 BAUM   128
GEMEINSAMES GEBET IST WIE DAS ENTWURZELN EINES BAUMES!

9 ANHANG: WERKZEUGKISTE   142
EIN PAAR PRAKTISCHE ANREGUNGEN, WIE WIR DAS GEMEINSAME GEBET FÖRDERN KÖNNEN

VORWORT
VON PETE GREIG[1]

Die Umfragen sind ernüchternd. Es gibt klare Anzeichen, dass die Gebetsveranstaltungen in den meisten Gemeinden weniger werden, ja, dass sie sogar aussterben, (mehr als die Hälfte hat gar keine), gerade jetzt (aber) braucht unsere Nation, mehr denn je, gezielte gemeinsame Fürbitte.

Während üblicherweise der eindeutige Aufruf des Apostels Paulus an die versammelte Gemeinde: „… dass Flehen, Gebete, Fürbitten, Danksagungen getan werden für… alle, die in Hoheit sind, damit wir ein ruhiges und stilles Leben

---

[1] Pete ist einer der Gründerväter des 24-Stunden-Gebets und leitet Emmaus Road, zusammen mit seiner Frau Sammy. Sie leben in Guildford mit ihren beiden Söhnen und ihren zwei Hunden, Noodle & Crumble. Pete ist ein Repräsentant der NGO *Tearfund* und diente sieben Jahre lang im Senior-Leitungsteam der *HTB* in London. Pete ist ein renommierter Autor und zu seinen Büchern zählen *Red Moon Rising, God on Mute* und *Dirty Glory*.

führen mögen in aller Gottseligkeit und Ehrbarkeit." (1. Timotheus 2, 1-2)[2] nicht beachtet wird. Das mag wohl das biblische Gebot sein, das heutzutage von Gottes Volk am häufigsten und ganz unverhohlen missachtet wird. Wir bekommen die Leiter, für die wir beten, so hat es den Anschein. Kein Wunder, dass es uns nicht gelingt, ein ruhiges und stilles Leben in aller Gottseligkeit und Ehrbarkeit zu führen! Etwas in mir und auch in Mike Betts schreit: „Nicht mit uns!". Die Gebetsveranstaltungen dürfen nicht, und sie werden nicht aussterben, nicht mit uns. Wir müssen Signalfeuer der Fürbitte anzünden, im ganzen Land. Einige Orte fangen schon Feuer! In den letzten Jahren ist es für Britische Gemeinden üblich geworden Tag und Nacht zu beten – vor zwanzig Jahren war das undenkbar. *Dein Reich komme* vereinigt mittlerweile mehr als eine halbe Million Menschen von jedem christlichen Hintergrund, um an Pfingsten geschlossen dafür zu beten, dass der Geist komme und das Königreich Gottes, (worüber man streiten kann, ob es [nicht] dasselbe ist). Die *Redeemed Christian Church of God*

---

[2] *Elberfelder Bibel.*

versammelt 40.000 Menschen, um die ganze Nacht im Excel Centre in London zu beten. Die *Enough* – Initiative, angeführt von Mike Betts, schafft Zentren (Hubs) der Fürbitte im ganzen Land. Es gibt viele ermutigende Anzeichen, dass Gott seine Gemeinde ruft, in dieser Generation noch einmal die außerordentliche Kraft des gemeinschaftlichen Gebets zu entdecken.

Der überzeugende Inhalt (dieses Buches) erklärt, warum gemeinsames Gebet *biblisch* von Bedeutung ist, den Unterschied, den es *historisch* gemacht hat, und wie man es *praktisch* angehen kann, indem es eine Reihe hilfreicher Vergleiche verwendet, (besonders gefreut habe ich mich über das Kapitel „Familie" und über die „Werkzeugkiste" am Ende). Mike Betts schreibt mit dem Herzen eines reifen Pastors, um andere auszurüsten und zu inspirieren. Es geht eine Autorität von denen aus, deren Erfahrungen von Gebetserhörungen mit der Enttäuschung unerhörter Gebete gewürzt sind. Ihr Glaube ist angereichert mit Treue. Als ich Mike kennenlernte, habe ich festgestellt, dass er eine Seltenheit ist: Ein westlicher Gemeindeleiter, der mehr Zeit dem Gebet widmet als der Bühne, [mehr Zeit] der

Freundschaft als der Aufgabe, [der] mehr Zeit damit verbringt, mit Gott über andere zu reden, als mit anderen über Gott. Die Botschaft dieses Buches ist dringend notwendig und es kommt aus der Feder eines reifen Praktikers, eines aufmerksamen Fürbitters und aus dem kühnen Herzen eines Vaters im Glauben.

DANKSAGUNGEN

Vor einigen Jahren erhielt ich eine Ermutigung dergestalt, dass Bücher schreiben etwas sein würde, in das mich Gott hineinführen würde. Es wurde auch erwähnt, dass - um mir Zuversicht in diesem Prozess zu geben – andere mir mit den Gaben, die sie haben, dabei helfen würden, diese Bücher fertigzustellen. Das war eine wahrhafte Ermutigung für mich, da ich zu Selbstzweifeln neige, ob ich überhaupt etwas zu den vielen Stimmen hinzuzufügen habe, die bereits sehr beredt über so viele Dinge sprechen! Das ist Buch Nummer drei, und ich kann Zeugnis ablegen von der wunderbaren Hilfe, die ich beim Schreiben von „*From the Inside Out*", „*Relational Mission – a Way of Life*" und bei diesem neusten Buch „*The Prayers of Many*" hatte. Ich hoffe, dass meine Versuche, in diesem neuen Buch mit einfachen Worten über das Thema Gemeinsames Gebet zu schreiben, bewirken, dass das Material gut angenommen wird und dass es leicht verständlich ist für

Jedermann. Vor allem aber, dass es seine Leser in Bewegung setzt.

Mein besonderer Dank gilt: Phil Whittall, der mir, mehr als jeder andere dabei geholfen hat, das Material zu überarbeiten und in seine jetzige Form zu bringen. Er war und ist für mich jemand, der mich zum Schreiben befähigt und anleitet. Er hilft mir, die Dinge zu Papier zu bringen, die in meinem Herzen gespeichert sind; das ist eine wertvolle Hilfe.

[Mein Dank gilt auch] Penny Taylor für ihr unermüdlich dienendes Herz, die mir in vielerlei Hinsicht geholfen hat, sowohl mit diesem Buch als auch bei vielem anderen.

Dann sind da noch viele andere, die dazu beigetragen haben, dass dieses Buch fertiggestellt wird. So geht ein besonderer Dank an Jenny Pollock, Poppy Balding, Daniel Goodman, und James Taylor, und für die Übersetzung ins Deutsche an Susanne Herrmann mit Hilfe von Swantje Fries, Gerhard Pfänder und David White. Dank für ihre Zeit und ihr Fachwissen.

Schlussendlich [geht mein Dank] an die, die ihre Geschichten zu diesem Buch beigesteuert haben, in denen sie aufgezeigt haben, wie das gemeinsame Gebet für sie gearbeitet hat. Vielen Dank.

1
REVOLUTION
EIN AUFRUF ZUR REVOLUTION DES GEMEINSAMEN GEBETES

Wir leben in einem Instant-Zeitalter. Wir sind ständig online und werden laufend upgedated. Wenn mein Handy nicht innerhalb weniger Sekunden eine App startet, frage ich mich, ob etwas nicht in Ordnung ist. Wir mögen es nicht zu warten, denn wir sind schließlich beschäftigte Leute. Veränderungen – besonders in anderen Menschen – sollten sich schnell vollziehen, und so weiter. Die westliche Welt ist kein besonders geduldiger Ort. Also, wenn ich jetzt den Ausdruck Revolution gebrauche, dann kann das allzu leicht die Vorstellung von etwas hervorrufen, das sich sehr schnell ereignet. Jedoch ein kurzer Blick in die Geschichtsbücher - schließlich mag das alles sein, wofür wir Zeit haben – sollte uns zeigen, dass Revolutionen sich über Jahre vollziehen, und sich nicht innerhalb von Tagen ereignen und schon gar nicht in Stunden, Minuten oder Sekunden. Die Französische Revolution des 18. Jahrhunderts brauchte 12 Jahre, die Amerikanische Revolution dauerte 18 Jahre und die industrielle Revolution an die 80 Jahre! Eine Revolution, die eine dauerhafte und bedeutende Veränderung hervorbringt, kann Jahre des Einsatzes und Opfers kosten.

Für ein Buch über Gebet scheint das ein ziemlich dramatischer Anfang zu sein, aber ich bin davon überzeugt, dass das, was wir brauchen, wenn es um gemeinsames Gebet geht – also um den Akt, dass die Gemeinde zusammen betet – nichts anderes ist als eine Revolution.

Es gibt viele großartige Bücher über Gebet von vielen großartigen Männern des Glaubens. Die meisten von ihnen haben jedoch ihren Fokus auf dem Individuum und denken an den Einzelnen, der allein betet. Über gemeinsames Gebet wurde nicht viel geschrieben – obwohl ich denke, dass sich das gerade ändert – dabei hat die Bibel, wenn es um Gebet geht, viel über gemeinsames Gebet zu sagen.

2013 habe ich Pete Greig gehört, der zu einer Gruppe von Leitern sprach, die ich zusammengerufen hatte. Pete ist einer von den Männern, die ich oben erwähnt habe, ein Mann des Glaubens, der verschiedene großartige Bücher über Gebet geschrieben hat. Allerdings hat Pete auch einige Dinge über das gemeinsame Gebet zu sagen. Immerhin hat er eine echte Gebetsbewegung ins Leben gerufen, bekannt als das 24-7 Gebet, das nun seit 20 Jahren anhält.

„Der gemeinsame Lobpreis im Gemeindeleben hat sich durch sehr viel Einsatz und Kreativität in den letzten 30 Jahren so sehr verändert, dass man ihn kaum wiedererkennt. Man stelle sich vor, wie das gemeinsame Gebet heute aussehen würde, wenn man ihm die gleiche Aufmerksamkeit geschenkt hätte." [3]

Von dieser Aussage war ich so sehr betroffen, dass ich nicht aufhören konnte, darüber nachzudenken; und ich bin immer noch nicht fertig damit. So sehr war ich betroffen, dass ich beschloss, soweit es an mir lag, zu versuchen, ein Teil der Lösung des Problems zu werden und nicht ein Teil des Problems zu bleiben. Als junger Leiter war ich Lobpreisleiter, und ich erinnere mich noch gut an die tiefgreifende und

---

[3] Pete Greig, 'Forum 2013', entnommen aus einer Aufnahme von *Relational Mission*.

aufregende Erfahrung gemeinsamer Lobpreiszeiten. Die Vorstellung, dass eine solche Reise auch mit gemeinsamem Gebet möglich sein könnte, beflügelte meine Fantasie.

Wir leben nicht nur in einem ungeduldigen Zeitalter, wir leben auch in einem individualistischen Zeitalter. Individualismus ist eine kulturelle Vorliebe, bei der die Bedürfnisse des Einzelnen über die Bedürfnisse der Gemeinschaft gestellt werden. Er treibt die Menschen in die Eigenständigkeit und Unabhängigkeit. Das wirkt sich auf das geistliche Wachstum der Menschen aus, und man kann feststellen, dass der Fokus stark auf Selbst-Hilfe, Selbst-Verbesserung und persönlicher Entwicklung liegt, und das ist innerhalb der Gemeinde genauso anzutreffen wie außerhalb. Auch wenn der Individualismus manche guten Auswirkungen hat, ist er doch nicht ohne blinde Flecken, Schwächen und Gefahren.

Bei der näheren Betrachtung der Lehre des Neuen Testaments, in der auch Stellen über das Gebet enthalten sind, sieht man, dass sie einen gemeinschaftlichen Kontext im Sinn hat. Wenn man sich frägt: „Was bedeutet das für mich?" anstatt „Was bedeutet das für uns?", dann denkt man individualistisch und nicht gemeinschaftlich. Wenn dies vermehrt vorkommt, dann steht man in der Gefahr, zentrale Aspekte biblischer Praxis rund ums Gebet zu übersehen. Wir müssen unsere Vorstellung stärken von eben jener Identität und Natur der Gemeinde als Familie, Nation, Tempel und Volk Gottes. Die Bibel sieht vor, dass sich ein Großteil unsres christlichen Lebens unweigerlich in einem gemeinschaftlichen Kontext abspielt und in einem gemeinschaftlichen Kontext seine Erfüllung findet. Wenn man das bedenkt, dann wird das reife gemeinsame Gebet, speziell im Leben des Volkes Gottes, zu etwas Kostbarem und Begehrenswertem.

Wenn ich über mein Leben als Christ nachdenke, dann waren viele der bedeutendsten Veranstaltungen, an die ich mich erinnere, diejenigen, die als Herzstück das gemeinsame Gebet hatten. In meinen ersten Jahren als Christ war die Gebetsveranstaltung meiner Ortsgemeinde der Maschinenraum all dessen, was Gott tat. Über viele Jahre versammelten sich die Gemeinden des Vereinigten Königreichs von Newfrontiers – der Gemeindeverband war damals unter diesem Namen bekannt - dreimal im Jahr für zwei Tage des Gebets und des Fastens. Ich bin davon überzeugt, dass das der Maschinenraum all dieser erstaunlichen Dinge war, die wir mehrere Jahrzehnte lang Gott tun sahen. Ich bin immer noch davon überzeugt, dass wenn Gottes Volk betet, es die Ressourcen des Himmels auf der Erde freisetzt wie nichts anderes auf dieser Welt.

Also, wie können wir uns als Gemeinde, die wir in diesem ungeduldigen und individualistischen Zeitalter leben, in solch eine Revolution des Gebetes investieren?

EINEN SCHRITT NACH VORNE MACHEN

Ich hatte das Vorrecht den Weltmeister und Olympiasieger Mo Farah bei seinem letzten Mittelstreckenlauf zu sehen. Nach diesem Lauf machte er noch einen weiteren Schritt nach vorne und wurde Langstreckenläufer. Um das zu erreichen, veränderte er seinen Tagesablauf, sein Training, seinen Blickwinkel und seine Ziele. Um des vor ihm liegenden Weges willen, war es ihm sogar wichtig, seine Identität als Mittelstreckenläufer neu zu definieren. Dabei kam mir der Gedanke, dass auch die Gemeinde im Westen in Bezug auf das gemeinsame Gebet „einen Schritt nach vorne machen" sollte. Unsere Brüder und Schwestern auf der Südhalbkugel und im Osten sind darin viel besser und weitaus geübter als wir, und wir müssen von ihnen lernen. Wir sollten uns in eben derselben eifrigen und andauernden Art und Weise darum bemühen, unsere Dynamik beim Beten zu verändern wie sich Mo Farah darum bemüht hatte, seine Disziplin zu wechseln.

Es gibt da mehrere wichtige Schritte, die wir tun müssen. Zunächst müssen wir das Gebet davon befreien ein Teilgebiet oder eine Fachdisziplin zu sein. Allzu oft ist es so weit gekommen, dass Gebet und Fürbitte als eine Gabe angesehen werden, die nur einige Menschen haben. Ihr wisst schon, diese sehr kompetenten Beter, die in Gebetsveranstaltungen aufzublühen scheinen und von denen man als „Fürbitter" oder „Gebetskämpfer" spricht. In der Bibel gibt es die Gabe der Fürbitte nicht. Sehr wohl aber eine Aktivität der Fürbitte, an der sich die ganze Gemeinde beteiligen sollte. Das Gebet ist Teil des Erbes aller Gläubigen – zusammen betend, so sollten wir als Gläubige leben.

In dem Gemeindeverband, den ich leite, haben wir in den letzten Jahren angefangen, uns in das gemeinsame Gebet zu investieren, nicht nur als einzelne Gemeinden, sondern auch als Gruppe von Gemeinden. Dreimal im Jahr versammeln wir so viele Menschen wie möglich, um in derselben Nacht für die gleichen Dinge zu beten.[4] Damit sich so viele wie möglich daran beteiligen, haben wir die Messlatte bewusst nur so hoch gelegt, dass jeder darüber springen kann. Wir haben uns sehr bemüht, es jedem, der Christus nachfolgt, leicht zu machen, dabei zu sein und mit freudigem Interesse zusammen mit anderen zu beten.

Es ist nichts Neues, wenn man sagt, dass die Gemeinde im Westen herumkrebst. Sie hat einen Pulsschlag, aber vielerorts ist er ziemlich schwach. Es wurde schon eine Menge über die Untersuchung der Ursache des Problems und über Lösungsvorschläge gesprochen, und es wird wohl noch viel darüber gesprochen werden, mit dem Ziel, die Gesundheit des Patienten wiederherzustellen. Ich, wie viele andere, lese gerne die Apostelgeschichte, um zu sehen, inwieweit wir davon

---

[4] Wir nennen diese Gebetstreffen *'Enough'* und wollen damit sowohl zum Ausdruck zu bringen, dass Gott genug für uns ist, als auch, dass es da Probleme und Ungerechtigkeiten in unsrer Welt gibt, von denen wir genug haben. Ich werde *'Enough'* im Verlauf dieses Buches noch näher erklären.

lernen können, wie die Apostel und die erste Gemeinde die Dinge in Gang gebracht haben.

Obwohl es die Apostel mit außerordentlichem Wachstum zu tun hatten, blieben sie dennoch davon überzeugt, dass sie „im Gebet und im Dienst des Wortes verharren" sollten[5]. Die Apostel waren sich der Wirksamkeit dieser beiden Schlüsselkomponenten bewusst, und der völlig überwältigenden Aufgabe vor ihnen, die ohne diese Komponenten nicht zu bewältigen war. Deshalb habe ich zwei entscheidende einfache Vorschläge, was mit der Gemeinde im Westen geschehen müsste, damit sie wieder zu Gesundheit und Vitalität gelangt. Erstens: Jeder sollte ein Zeuge sein für Christus, in Worten, Taten und durch Wunder. Zweitens: Jeder Mann und jede Frau sollte sich dem gemeinsamen Gebet widmen. Wenn Beides zur Kultur wird, zum Lebensstil, so dass es zur „Seuche"[6] wird, wie es in Britannien im späten 18. Jahrhundert der Fall war, dann glaube ich, dass wir eine Welle

---

[5] Apostelgeschichte 6:4, *Elberfelder Bibel*.
[6] S Pearce Carey, M.A., *William Carey, D.D. Fellow of Linnean Society* (London: Hodder and Stoughton, 1923) S. 14.

von Gemeindegründungen haben werden, und zwar aufgrund einer Vielzahl von Menschen, die zu Christus kommen.

Unglücklicherweise kann man beobachten, dass diese beiden einfachen aber entscheidenden Dinge vermutlich die schwächsten Seiten der Gemeinde im Westen sind.

Ich betrachte mich selbst nicht als einen Experten für Gebet. Ich würde noch nicht einmal sagen, dass ich sehr gut im Beten bin. Ich habe ein Verlangen danach, und ich widme mich dem Gebet so gut ich kann, aber ich verliere oft die Konzentration; ich empfinde oft, dass meine Worte dem Anliegen nicht gerecht werden, und ich werde oft müde dabei. Dennoch möchte ich mit anderen zusammen unterwegs sein, so dass wir zusammen Dinge erreichen können, die wir auf andere Weise niemals erreichen würden. Ich möchte mich nach Dingen ausstrecken, die wir nicht für möglich gehalten hätten. Ich habe festgestellt, dass wenn ich zusammen mit anderen bete, es mir leichter fällt, ich höher hinaus will und mich länger konzentrieren kann, dass ich leichter Worte finde und „Amen" sagen kann zu den Gebeten anderer, was ich einfach nicht tun könnte, wenn ich alleine wäre.

Ich wünsche mir, dass das gemeinsame Gebet für alle zugänglich ist, um den Leuten das Beten so einfach wie möglich zu machen. Wenn es mich dazu braucht, einen, der, so wie viele andere auch, mit seinem Gebetsleben zu kämpfen hat, dass er ehrlich ist und sagt: „Kommt schon, Leute, wir können das zusammen machen, wir können das wirklich schaffen, lasst uns einander helfen", dann kann daraus vielleicht eine Bewegung entstehen.

Es gibt verschiedene Herausforderungen für jeden Nachfolger Christi, der sich in bedeutendem Maß am Gebetsleben seiner Ortsgemeinde beteiligen möchte. Eine davon ist die Frage: 'Was hat das jetzt bewirkt?' Das ist eine Frage, die ich gut verstehen kann. Wenn ich ein Essen zubereite, ein Auto wasche, ein Möbelstück herstelle, ein Bild male oder einen Zaun anstreiche, dann sehe ich sofort, was ich getan habe, ich sehe einen Fortschritt, ein Ergebnis, einen Erfolg, oder sogar Fruchtbarkeit. Mit dem Gebet verhält es sich anders.

Gebet beschäftigt sich oft mit unsichtbaren Dingen und es braucht Augen des Glaubens, um zu sehen, was sich abspielt. Ich denke da an eine Dampflokomotive. Holz und Kohle ins

Feuer zu werfen, produziert nicht sofort den Dampf, der die Lok antreibt. Aber eines ist sicher, wenn man wiederholt die Anstrengung unternimmt und mehr und mehr Brennstoff ins Feuer gibt, entsteht schließlich eine Dampfwolke, die in einer nahezu unvorstellbaren Weise einen massiven Brocken aus Stahl und Eisen vorwärtsbewegen kann, solange das Feuer angeheizt wird. Gebet tut das gleiche. Da ist ein Prozess im Gange, bevor das Ergebnis sichtbar wird. Der Punkt ist, dass unsere einfachen Worte nicht kraftlos sind, sondern eine Auswirkung haben. Sie bringen den Himmel in Bewegung.

Um uns zu helfen, diese unsichtbare Realität zu begreifen und besser zu erfassen, habe ich bewusst in jedem Kapitel Bilder verwendet. Gebet ist ein schwieriger Begriff, wenn man ihn allein mit Worten vermitteln möchte, und Bilder und Metaphern können dabei sehr hilfreich sein. Ich erinnere mich, dass ich sehr beeindruckt war von einem Bild, das Charles Spurgeon verwendet hat, um unsere Versuche zu beschreiben, die Liebe Christi zu uns völlig zu erfassen und zum Ausdruck zu bringen. Spurgeon sagte in seiner Predigt am 30. Januar 1859:

„…noch nie hat ein Mensch die Liebe Christi begriffen, die alle Erkenntnis übertrifft. Der Naturforscher sondiert die Erde bis zu ihrem Mittelpunkt, er erforscht die Sonnensysteme, er mißt [sic.] den Himmel und wiegt die Hügel, ja, die ganze Erde; aber dieser Gegenstand gehört zu dem Gewaltigen und Unbegrenzten, welches niemand messen kann, als der Unendliche selber. Wie die Schwalbe den Strom nur leise mit dem Flügel berührt und nicht in seine Tiefen eintaucht, so bewegt sich auch die Stimme des Predigers nur auf der Oberfläche, und unermeßliche [sic.] Tiefen werden stets seinem Blick verborgen bleiben." [7]

Dieses Bild, dass die Schwalbe das Wasser nur mit dem Flügel berührt, fand ich sehr hilfreich, um das Ausmaß der Begrenztheit unserer Erkenntnis zu veranschaulichen. Deshalb werde ich versuchen, uns zum Thema Gebet, Bilder vor Augen zu führen, die die Dinge besser veranschaulichen können, als es Worte vermitteln könnten. Der Boden unsres Herzens und unsrer Seele muss für die Saat des Gebets

---

[7] C.H. Spurgeon, 'The Shameful Sufferer', 30 Januar 1859, www.spurgeon.org/resource-library/sermons/the-shameful-sufferer#flipbook/; deutsche Übersetzung entnommen aus: 'Die Schmach des Heilands' https://schriftenarchiv.ch/search P17-004 [Zugriff: 30.06.2019].

umgepflügt werden, damit sie feste Wurzeln schlägt und gut bewässert werden kann.

Meine Hoffnung ist es, mit diesem kleinen Büchlein das Gebet in der Gemeinde so weit wie möglich zu fördern und weiteren Hunger danach zu wecken. So wie – hier noch einmal – Spurgeon seine Zuhörer ermutigte, mit ähnlicher Dringlichkeit zu reagieren.

> *„Sag deinem Pastor: 'Mein Herr, wir brauchen mehr Gebet.' Dränge die Leute, mehr zu beten. Veranstalte ein Gebetstreffen, auch wenn du ganz allein daran teilnimmst. Und wenn man dich frägt, wie viele da waren, dann kannst du sagen: 'Vier'. 'Vier, wie das denn?' 'Deshalb, da war ich, und Gott, der Vater, und Gott, der Sohn, und Gott der Heilige Geist; und wir hatten reiche und wahre Gemeinschaft miteinander'. Wir brauchen eine Ausgießung wirklicher Hingabe, was soll ansonsten aus vielen unseren Gemeinden werden?"* [8]

Also, ich hoffe, dass wer mit diesem Büchlein zu Ende ist, bereit ist, Teil dieser Revolution zu werden, auch wenn er weiß, dass die Früchte seiner Gebete und Bemühungen

---

[8] C. H. Spurgeon, 'Paul's First Prayer', 25 März 1855
www.spurgeon.org/resource-library/sermons/pauls-first-prayer#flipbook/

möglicherweise nicht mehr zu seinen Lebzeiten sichtbar werden, aber in dem Bewusstsein, dass diese Investition eine dauerhafte und bedeutende Veränderung bewirken wird.

2
BEWÄSSERUNGSGRÄBEN

BETEN IST WIE
BEWÄSSERUNGSGRÄBEN AUSHEBEN,
WENN HOCHWASSER BEVORSTEHT

In 2. Könige 3, 16-18 heißt es:

> *„Und er sagte: So spricht der HERR: Macht in diesem Tal Grube an Grube! Denn so spricht der HERR: Ihr werdet keinen Wind sehen und keinen Regen sehen, und doch wird sich dieses Tal mit Wasser füllen, sodass ihr trinken könnt, ihr und eure Herden und euer Vieh. Und das ist <noch> zu gering in den Augen des HERRN, …"* [9]

In dieser alttestamentlichen Erzählung ist Gottes Volk als Nation geteilt und seine Identität als Volk Jahwe's beschädigt. Ihr Niedergang kommt zu einem Krisenpunkt als sie einem bedeutenden Gegner, dem König von Moab gegenüberstehen.

---

[9] *Elberfelder Bibel.*

Wieder mal ist ihre bloße Existenz bedroht. In dieser Situation entsteht ein Bündnis zwischen dem König von Juda, Israel und Edom. Manchmal ist eine ernste Bedrohung aller nötig, um zu bewirken, dass persönliche Ambitionen, Voreingenommenheit und Programmpunkte abgelegt werden, damit Gottes Volk als Einheit zusammenkommt, um Gott zu suchen. Die Kirchengeschichte zeigt uns, dass oft gerade dann ein Wirken Gottes auftritt, wenn der geistliche Boden einer Wüste gleicht. In solchen Situationen fängt Gottes Volk an, sich ausgedörrt und trocken zu fühlen, und eine Empfänglichkeit für Gottes Geist und die Bereitschaft darauf zu reagieren kehren zurück.

Aber selbst für eine Allianz aus Juda, Israel und Edom waren die Gewinnchancen gering. Sie waren so weit abgedriftet und ihr Niedergang war so groß, dass sie dem Übel nicht gewachsen waren, das in dem Land herrschte, in dem sie sich auf eigene Faust befanden. Moab war viel zu stark im Vergleich zu den Mitteln, die ihnen zur Verfügung standen.

In dieser Situation suchen sie prophetischen Einblick. Sie fragen Gott, was sie tun sollen, indem sie den Propheten Elisa aufsuchen. Ihre Fragen sind im Wesentlichen: „Kann Gott etwas dagegen tun?", "Was möchte Gott, dass wir tun?" und "Kann Gott uns helfen, auch wenn unsere Chancen so schlecht stehen?" Sie realisieren, dass sie zahlenmäßig unterlegen und strategisch überholt worden sind, und dass sie keinen Ausweg mehr haben, es sei denn, Gott greift in diese Situation ein.

Geht uns das nicht ebenso, wenn wir die Welt um uns herum anschauen? Für die Gemeinde (besonders im Westen) scheint zu gelten: welche gemeinsamen Kräfte auch immer mobilisiert werden, sobald man die Nachrichten anschaut, scheint die Situation völlig erbärmlich.

In diesem Zusammenhang suchen sie Gott durch den Propheten Elisa. Schlussendlich willigt dieser ein, aber in einer überraschenden Weise, indem er nämlich sagt: „Und nun holt mir einen Saitenspieler."[10] Warum fängt er mit dieser Bitte an? Die vorangegangenen Verse zeigen, dass Elisa nicht sehr beeindruckt war von den Leitern, die Gottes Volk zu dieser Zeit hatte. Er hatte eine gewisse Achtung vor

---

[10] 2. Könige 3, 15, *Elberfelder Bibel*.

dem König von Juda, aber er hielt überhaupt nichts von seinem eigenen König Joram, dem König von Israel, der das Volk Gottes nicht in den Wegen Gottes leitete. Elisa war nahe daran, diese Leiter einfach wegzuschicken, aber er zeigte hier, wie man auf Gott hört und nicht auf die eigenen Gefühle.

Möglicherweise fragte er nach einem Musiker, damit es ihm möglich wurde, die Anbetung zu seinem Fokus zu machen. Elisa richtete so seine Aufmerksamkeit auf Gott, nicht auf die Probleme. Während sie zusammen waren, schob Elisa den Ärger, den er empfand, bei Seite, entschied sich, nicht die aufgebrauchten Mittel zu debattieren und auch nicht die scheinbar unüberwindlichen Probleme, vor denen sie standen, und er unterlies es auch, die Leiter wegen dem politischen Unsinn zurecht zu weisen, für den sie verantwortlich waren. Stattdessen richtete er seinen Blick auf Gott und als der Musiker spielte: „…da kam die Hand des HERRN über ihn."[11]

Die Welt, in der wir leben, kann uns leicht dazu veranlassen, unseren Fokus auf Gott zu verlieren. Es ist wirklich

---

[11] *Elberfelder Bibel.*

entscheidend, dass wir, wenn wir zusammenkommen um zu beten und Gott zu suchen, es mit einem anbetenden Herzen tun. Lobpreis ist wichtig beim Gebet. Wir dürfen Anbetung und Gebet nicht trennen. Es ist oft so, dass wir in Veranstaltungen, die „Gebetstreffen" genannt werden, eine weitaus größere Salbung vorfinden, wenn wir wie Elisa sagen: „Und nun holt mir einen Saitenspieler."

Ich kann mir gut vorstellen, dass sich jetzt einige fragen: „Ich dachte, in dem Buch geht es um Gebet?" Aber, wenn wir im Gebet Gottes Stimme zu den drängenden Angelegenheiten unsrer Zeit hören möchten, dann ist es sehr wichtig, dass wir unseren Fokus nicht auf diese Dringlichkeiten richten, sondern auf Gott, und dass wir kommen, weil wir Seine Herrschaft, Seine Souveränität und Seine Majestät anerkennen. Ein guter Dienst kompetenter Musiker während einer Gebetsveranstaltung ist, in meinen Augen, entscheidend für alles andere, was dann passiert. Ich frage mich, was Elisa gemacht hätte, wenn kein „Saitenspieler" da gewesen wäre? Wenn wir in übertragenem Sinne ausrufen „… holt mir einen Saitenspieler!", dann ändert sich etwas in unsrer Perspektive und es entsteht Glaube. Bevor wir unsere Stimme gemeinsam zum Gebet erheben, erheben wir sie gemeinsam zum Lobpreis. Das ist ein großartiger Perspektivenwechsel, und entscheidend für brennendes, glaubensvolles, gemeinsames Gebet.

Eine Armee in der Wüste ohne Wasser ist eine Armee in Not. Ihre Nahrung (Kühe, Schafe, Ziegen) würden verdursten, und die Soldaten würden schwach und verwundbar sein. So ist das Problem, vor dem diese drei Armeen stehen, noch bevor sie überhaupt Moab im Kampf gegenüberstehen, dass sie kein Wasser mehr haben. Elisa sagt:

„So spricht der HERR: »Hebt hier, in diesem ausgetrockneten Flussbett, überall Gruben aus! ...«" [12]

Sie mussten sich auf das Wirken Gottes vorbereiten, indem sie in einem Flachbett-Tal Gruben aushoben, damit, wenn Gott Wasser hervorbringen würde, alles bereit wäre, und SEIN Wirken effektiv sein würde. Elisa sagte so etwas, wie „Ihr müsst etwas tun, um vorbereitet zu sein, wenn Gott etwas

---

[12] 2. Könige 3, 16, *Gute Nachricht Bibel*.

tut." Genauso verhält es sich mit dem gemeinsamen Gebet. Es ist wie eine Vorbereitung für das Wirken Gottes.

Lasst dieses Bild unser Denken in Bezug auf das gemeinsame Gebet prägen. Gebet – das Ausheben von Bewässerungsgräben – erfordert einen erheblichen Aufwand. Es ist harte Arbeit. Es bedeutet, nach einem harten Arbeitstag bei einer Gebetsveranstaltung zu erscheinen. Es bedeutet, zu einer unwirtlichen Stunde, früh am Morgen, das Haus zu verlassen, wenn es noch kalt und dunkel ist und man sich kaum an seinen eigenen Namen erinnern kann, um sich dann auf wortgewandte Gebete zu konzentrieren. Es bedeutet, die halbe Nacht zu beten. Es ist, in übertragenem Sinne, schweißtreibend und will sagen: „Gott, wir graben diese Bewässerungsgräben im Gebet und vertrauen Dir, dass du sie mit Wasser füllst!" Wenn Gott uns sagen würde: „Hebt einige Wassergräben aus, und ich werde mit der Kraft einer Erweckung in deine Nation kommen.", dann denke ich mal, dass wir das tun würden, auch wenn es harte Arbeit bedeutete, aufgrund SEINES Versprechens. Wir haben solch ein Versprechen in Bezug auf unseren Einsatz im gemeinsamen Gebet.

Mein Freund Daniel Goodman leitet die City Church Cambridge, und ich fragte ihn, wie er die Leute ermutige, sich für unsere *Enough* Gebetsnächte zu engagieren. Seine Antwort ist sehr hilfreich.

„Diese Abende sind wichtige Ereignisse. Deshalb bitte ich die Gemeinde, alles daran zu setzen, mit dabei zu sein. Ich bin davon überzeugt, dass Gebet Kraft hat. Insbesondere bitte ich alle, dass sie so früh wie möglich kommen, damit sie noch mit den Kindern zusammentreffen. Ich mag es sehr, wenn meine beiden Jungs bedeutsame und freundschaftliche Beziehungen zu erwachsenen Christen aufbauen – es gibt ihnen eine wunderbare Vorstellung vom Wert des Gebets und der Gemeinschaft. Aber nicht nur meine Kinder profitieren davon, es ist auch ein Segen für die ganze Gemeinde, die sich auf diese Weise in der Tat für die Erziehung der nächsten Generation engagieren kann!

Ich weiß, dass es für arbeitende Menschen schwierig sein kann, am frühen Abend bei Enough *zu erscheinen, aber ich flehe sie an, es zu tun. Die Leute setzen oft alles daran, bei einem wichtigen Ereignis dabei zu sein. Manchmal braucht es nur ein paar kleine Veränderungen im Tagesablauf, dass man dort sein kann, wo man sein muss. Ein Beispiel: Ich bin ein Fan von FC Arsenal und wenn ich unter der Woche von Cambridge nach London fahren möchte, um bei einem Spiel dabei zu sein, dann bedeutet das, dass ich eine Stunde früher mit der Arbeit aufhören und von dort direkt zum Zug gehen muss. Ich mache so etwas gerne, wenn ich das Gefühl habe, dass es das wert ist. Wieviel mehr sollten wir das für Ereignisse tun, die von ewiger Bedeutung sind, wie es Gebetsveranstaltungen sind? Es kann bedeuten, dass man seinen Tagesablauf ein bisschen ändern muss (früher von der Arbeit nach Hause gehen, einen Babysitter engagieren, den Freitagabend Cocktail ausfallen lassen, usw.), aber die Meisten kriegen das hin, wenn sie es möchten."*

DIE „ERD-BEWEGENDE" KRAFT EINES TEAMS

Filme, die die alten Strafgefangenen-Trupps zeigen, die aneinander gekettet Eisenbahnlinien oder Straßen bauen, zeigen, dass die harte Arbeit in der Hitze viel leichter durchzuhalten war, wenn sie einen gemeinsamen Rhythmus fanden und Partnerschaften herstellen konnten. Es ist sowohl für mich als auch für jeden von uns von Bedeutung, an den Gebetsveranstaltungen teilzunehmen, weil sowohl ich wie auch jeder andere von uns dadurch ermutigt werden kann, wie wir gemeinsam die „Erde bewegen". Das gemeinsame Gebet ist in erster Linie die Vorgehensweise, die wir in der Bibel finden.

Ich muss an etwas denken, was Eugene Petersen auf Twitter sagte:

„In der langjährigen Geschichte des geistlichen Lebens der Christen ist das gemeinsame Gebet bedeutender als das Gebt eines Einzelnen." [13].

Je mehr Menschen wir für das gemeinsame Gebet mobilisieren können, desto effektiver werden Bewässerungsgräben ausgehoben, die Gott dann mit seiner Antwort auf die Nöte füllen kann. Wir haben alle unterschiedliche Kapazitäten und unterschiedliche Erfahrung im Gebet. Manche kommen sich vielleicht so vor, als hätten sie nur ein einfaches Plastikeimerchen und ein Schäufelchen, um damit im Sand zu spielen, in Bezug auf ihre Erfahrung und dem, was sie beitragen können: zögerliche einfache Gebete, wie wenn man ein Fahrrad mit Stützrädern fährt. Mag sein, dass sich sein eigener Beitrag für den einen oder anderen, der dies liest, noch unbedeutender anfühlt, eher so als habe er lediglich die Kapazität einen Fingerhut oder einen Eierbecher voll Erde wegzuschaffen. Andere sind vielleicht der Überzeugung die große Erdbewegungskraft eines JCB-Baggers zu haben. Wie

---

[13] Tweet von Eugene Peterson: 6:43 Uhr am 19.07.2015.

auch immer: jedes Gebet macht einen Unterschied und je mehr, desto besser.

Ob ein Kind, ein Erwachsener, ein junger Gläubiger oder ein Christ mit jahrelanger Erfahrung, jeder zählt, alle können helfen Bewässerungsgräben zu graben, jeder, und das Gebet eines jeden, und die Anwesenheit eines jeden beim gemeinsamen Gebet ist von Bedeutung! Ich denke, Paulus hat das verstanden, als er in 2. Korinther 1, 11 sagt:

> *„Auch ihr könnt dabei mithelfen, indem ihr für uns betet. Wenn* **viele** *(Hervorhebung durch den Autor) das tun, werden dann auch viele Gott für die Gnade danken, die er uns erfahren lässt."* [14]

Je mehr Leute beten, desto mehr Gräben werden ausgehoben, und desto wirksamer sind die Vorbereitungen und die Zusammenarbeit im Vorfeld von Gottes Wirken.

Gräben ausheben an sich ist nicht das, was die Dinge verändert, nur Gott kann Dinge verändern. Aber ebenso wie das Ausheben der „Gruben" in unsrer Erzählung oben, Gott den Weg bereitet hat, so dass er das tun konnte, was er tun

---

[14] *NGÜ.*

wollte, bereitet es auf eine souveräne Art und Weise Gott den Weg, wenn wir beten, damit er das tun kann, was er tun möchte. Wann immer wir gemeinsam beten, ist es, als würden wir eine Schaufel in die Hand nehmen und eine Erdbewegung verursachen, so dass etwas in der Landschaft entsteht, in dem Gottes Wirken verweilen kann; ein Graben für Wasser, ein Platz, wo die Antwort unsrer Gebete landen kann.

Dasselbe Prinzip sehen wir in Jesaja 54, 2-3:

„Mache weit den Raum deines Zeltes, und deine Zeltdecken spanne aus! Spare nicht! Mache deine Seile lang, und deine Pflöcke stecke fest! Denn du wirst dich nach rechts und links ausbreiten, und deine Nachkommen werden Nationen beerben und verödete Städte besiedeln." [15]

Man beachte, wozu die Israeliten hier aufgefordert werden: sie sollen das Zelt vergrößern, verlängern, ausspannen und befestigen. Warum? Weil Gott sich ausdehnen und dieses größere Zelt erfüllen möchte, so dass die Nationen erkennen, dass ER Gott ist. Gott wollte, dass sie erst etwas im Glauben tun, bevor ER den Raum ausfüllt, den sie geschaffen haben.

---

[15] *Elberfelder Bibel.*

Im Gebet geht es darum im Vorfeld dessen, was Gott gesagt hat, was er tun werde, etwas zu tun. So funktioniert Gebet. Wir beten für Dinge, die noch nicht abzusehen sind.

Wenn wir beten, passiert etwas in der Himmelswelt. Sie ist genauso real wie die sichtbare Welt hier auf Erden, aber sie ist zunächst einmal unsichtbar, wird dann aber offenbar, wenn sich die Dinge verändern „wie im Himmel so auf Erden". Um noch einmal auf die Geschichte von Elisa und den drei Königen zurückzukommen. Vers 17 drückt es folgendermaßen aus:

> *„Denn so spricht der HERR: Ihr werdet keinen Wind sehen und keinen Regen sehen, und doch wird sich dieses Tal mit Wasser füllen, sodass ihr trinken könnt, ihr und eure Herden und euer Vieh."* [16]

Gott verspricht, etwas Übernatürliches zu tun, was nicht im Bereich des Natürlichen oder menschlichen Handelns liegt. Im Natürlichen können wir davon ausgehen, dass eine Kombination aus Wind und Regen natürlich einen Wassergraben füllen würde. Jeder könnte in einem

---

[16] 2. Könige 3, 17 *Elberfelder Bibel*.

Sturmregen auf einen Graben voller Wasser hinweisen und sagen: „Natürlich ist er voll mit Wasser. Es war stürmisch und hat geregnet." Aber Gott sagt hier, dass er die Gruben füllen werde, ohne dass es Wind oder Regen geben würde. Er bringt zum Ausdruck: „Ich werde es so tun, dass ihr nicht wisst, wie es geschehen ist, und zu dem Schluss kommen werdet, dass es Gott gewesen sein muss, das verspreche ich euch." Es kann nicht erklärt werden, weil es auf wundersame Weise geschehen ist, und Wunder kann man nur Gott zuschreiben.

Wenn wir uns ans Beten machen, dann dürfen wir nicht nur in der Art und Weise denken wie es unserer Kultur entspricht: vernünftig, folgerichtig und gemäß unsrer Erfahrung. In Epheser 3, 20 heißt es:

> *„Ihm, der mit seiner 'unerschöpflichen' Kraft in uns am Werk ist und unendlich viel mehr zu tun vermag, als wir erbitten oder begreifen können,…"* [17]

Gott vermag über unsere Worte, die wir aussprechen oder über die Zeit und Kraft, die wir investieren hinauszugehen. Es geht nicht darum, dass wir mit einer Art Formel etwas

---

[17] *NGÜ.*

erzeugen, es ist vielmehr so, dass wir gehorsam unsere Bitten vorbringen, und Gott sorgt für ein übernatürliches Ergebnis.

Wir wissen, dass je mehr wir beten, desto mehr wird Gott tun, und je mehr von uns beten, desto wirkungsvoller ist das Gebet, aber das ist keine formelhafte Dynamik, sondern eine Beziehungsdynamik: wir und Gott zusammen, innerhalb einer Partnerschaft, für SEINE Ziele auf der Erde.

Während einer unsrer *Enough* Gebetstreffen habe ich folgendes Gebet gesprochen, das aus allen Zentren („Hubs") live übertragen („gestreamt") wurde: (Vielleicht möchtest auch Du, wenn Du es gelesen hast, Amen dazu sagen…)

> *„HERR, wir nehmen diesen Abend sehr ernst. Auf all diese unterschiedlichsten Weisen lernen wir, wie man betet. Wir machen all diese lustigen und experimentellen Sachen mit Gebet, und wir glauben, all das berührt Dein Herz. Aber eigentlich wissen wir, dass das eine ernste Sache ist.*
>
> *Wir beten für die Verlorenen. Wir beten für Leute, von denen wir nicht wissen, ob sie noch einen Tag zu leben haben. Wir können mit unseren Gebeten Gräben ausheben, aber nur Du kannst sie mit Wasser füllen, nur Du allein – Du bist der souveräne HERR – nur Du kannst sagen: „Es werde" und es wird! Und wir glauben, wir sind davon überzeugt, dass dein Wort uns sagt, dass es deine Güte ist, die uns zur Umkehr*

bringt – dass du freundlich und liebevoll und geduldig bist und nicht möchtest, dass Einer verloren geht, Du möchtest nicht, dass Irgendeiner verloren geht.

Wir appellieren an Deinen Charakter und wir appellieren an Dein Wesen, das sich uns zutiefst in der Person Jesu Christi offenbart hat, die uns zeigt, wie Du bist – all die Fülle Gottes in menschlicher Gestalt. Jesus, Du hattest Erbarmen mit einem Jeden, Du warst der Freund der Sünder. Du rührtest die Blinden an, heiltest die Lahmen, du brachtest denen Vergebung, deren Leben voller Ungerechtigkeit war. Du bist derselbe damals, heute und für immer. Die Bibel sagt uns das. Wir bitten Dich Jesus – Du hast gesagt, dass du einen anderen schicken würdest, gerade so wie Du, nachdem Du zu Deinem Vater aufgefahren bist. Und Du hast Deinen Heiligen Geist gesandt, und Er tut die gleichen Dinge, die Du getan hast, dieselben Dinge, die Du tun würdest, wenn Du hier physisch auf der Erde wärst. Deshalb bitten wir Dich, dass Dein Heiliger Geist hier in unsrer Nation wirkt, in unsrer Stadt, in dieser gottlosen Generation und unter tausenden von Menschen, die nicht mehr wissen, wo rechts und links ist, die unfähig sind, den Namen Jesus zu nennen als ihren Retter, weil sie niemals das Evangelium gehört haben. Wir brauchen Dich, dass Du uns als Dein Volk ermächtigst. Wir brauchen Dich, um etwas zu tun, was wir nicht tun können.

Wir sind willig und bitten Dich, dass Du Wasser vom Himmel gießt, das die Herzen weich macht von Nachbarn, Familien, Kollegen, Politikern und allen, denen wir begegnen. Weiche Du die Herzen auf, so dass die Saat des Evangeliums auf guten Boden fällt, so dass es hervorsprießt und Frucht bringt 30-, 60-, 100-fach. Wir bitten Dich um eine Bewegung, wir bitten Dich, dass Du wirkst, oh Gott! Wende Dich zu uns, oh Gott! Habe Erbarmen, oh Gott! Komm auf unsere Nation mit Kraft. Das, wovon wir gelesen und gehört haben, tu das auch in unseren Tagen.

Wir haben Dir nichts zu bringen, außer unsern tiefempfundenen Herzensschreien und wir halten Dir unser Amen hin. Wir sagen, HERR, schau vom Himmel herab auf unsere schwachen und demütigen Versuche. Amen." [18]

---

[18] www.vimeo.com/242567448

3
KÄMPFEN
GEMEINSAMES GEBET IST WIE BEWAFFNETER KAMPF

Epheser 6, 11-13 sagt:

> „Zieht an die Waffenrüstung Gottes, damit ihr bestehen könnt gegen die listigen Anschläge des Teufels. Denn wir haben nicht mit Fleisch und Blut zu kämpfen, sondern mit Mächtigen und Gewaltigen, mit den Herren der Welt, die über diese Finsternis herrschen, mit den bösen Geistern unter dem Himmel. Deshalb ergreift die Waffenrüstung Gottes, damit ihr an dem bösen Tag Widerstand leisten und alles überwinden und das Feld behalten könnt." [19]

Das Alte Testament stellt oft einzelne Gestalten heraus, die im Alleingang den Sieg errungen haben. Moses gegen Pharao, Samson gegen die Philister und natürlich David gegen

---

[19] *Die Bibel nach Martin Luthers Übersetzung.*

Goliath. Im Neuen Testament dagegen scheint sich der Schwerpunkt vom gesalbten Einzelnen auf den Leib Christi zu verlagern, auf die Gemeinde.

Im Westen führt unsere individualistische Kultur regelmäßig dazu, dass wir die Dinge fälschlicherweise nur in der Einzahl betrachten und nur überlegen, wie wir die Dinge auf uns als Einzelperson anwenden können. Es ist aber entscheidend, dass wir verstehen, dass wir gemeinsam, als Gemeinde, den Leib Christi bilden. Wir alle zusammen bilden eine königliche Priesterschaft, eine heilige Nation. Unsere Einheit ist das, worauf im Neuen Testament die Betonung liegt. Durch unser Miteinander wird unser Kampf wirkungsvoll. Die Gemeinde sollte nicht nach einzelnen Superhelden Ausschau halten, sondern wir sollten den vereinten ausgerüsteten „Leib", die Gemeinde, suchen.

Hier geht es um einen gemeinsamen Kampf. Warum? Die Geschichte des Militärs lehrt uns, dass Gefechte, welche von Armeen ausgetragen werden, die in Anzahl und Waffenstärke unterlegen sind, meist mit einer Niederlage oder Rückzug enden. Paulus informiert uns darüber, dass unser Feind nicht einfach aus Fleisch und Blut besteht, also uns nicht gleichgestellt ist, was wir annehmen könnten. Stattdessen haben wir es mit gewaltigen Mächten des Bösen zu tun, viel zu stark, als dass wir sie allein überwinden könnten. Ein einzelner Christ, erfüllt mit dem Heiligen Geist, vermag zu beten und wird erleben, dass eine dämonische Belastung von einer anderen Einzelperson weicht. Jesus hat das sowohl selbst getan als auch seine Jünger unterwiesen es zu tun, indem er sagte, dass alle, die ihm nachfolgen, dazu befähigt sein würden, sich mit Erfolg an solchen Dingen zu beteiligen.

In Epheser 6 aber geht es um Fürstentümer und Gewalten, gewaltige dämonische Mächte über Regionen, Nationen, Kulturen. Eine Person allein reicht nicht aus, um es mit solchen Dingen aufzunehmen. Das wäre eine Torheit. Deshalb heißt es: „wir ... kämpfen". Diese Verse wurden oft auf Einzelchristen bezogen. Lebe dein Leben, sei wachsam und vorbereitet auf deine eigenen individuellen Kämpfe mit der Welt, dem Fleisch und dem Teufel. Aber wir dürfen die an und für sich schon gemeinschaftliche Dimension dieser Verse nicht übersehen. Habt Ihr das „wir" registriert? „ Denn *wir* haben nicht ... zu kämpfen". Es ist kein Zeichen von Schwäche, unseren Gegner richtig einzuschätzen und zu wissen, wann ein Einzelkampf nicht das ist, was Gott in diesem Fall vorgesehen hat.

In Apostelgeschichte 12 finden wir Petrus schlafend und im Gefängnis vor. Es war keine Friedenszeit, und wie in Kriegszeiten üblich hilft das ganze Volk aus. Als Petrus in einer außergewöhnlich schwierigen Lage ist, braucht es mehr als nur sein eigenes Ringen in einer persönlichen Gebetszeit. Ein größerer Einsatz ist, um seinetwillen, erforderlich. Petrus braucht Verstärkung.

König Herodes Agrippa wurde „gewalttätig"[20] gegen die Gemeinde, und die Gemeinde wurde „gewalttätig" mit Hilfe einer anderen Kraft. Einer Kraft, so großartig, dass sie die Entsendung eines Engels und den wundersamen Gefängnisausbruch des Petrus bewirkte. Gebet ist kein Trostversuch, wenn man sich einer Niederlage stellt, es ist eine gewaltige Waffe. Wenn die Gemeinde betet, dann braust der Himmel und die Dämonen zittern, aber allzu oft sind wir uns dieser Dynamik nicht bewusst. Dennoch ist sie eine Realität

---

[20] Apostelgeschichte 12:1.

und sollte uns dazu veranlassen, das Gebet als das zu sehen, was es ist: Eine gewaltige Kraft.

Petrus war im Gefängnis, es war die Gemeinde die für ihn betete, dass er freikäme. Seine Freilassung wurde nicht durch seine eigenen Gebete erwirkt – tatsächlich schlief er, während andere für ihn beteten – sondern durch das gemeinsame Gebet der Gemeinde für ihn. In der Tat hat die Gemeinde im Gebet ihre Schilde aneinander gefügt, (vgl. den folgenden Abschnitt über den Testudo-Effekt.), und erlebt, dass ihr Kampf erfolgreich war und zu seiner Freilassung führte.

Auch heute ist es von entscheidender Bedeutung als Antwort auf Krankheiten, Krisen oder außergewöhnliche Umstände solche außerordentlichen Gebetsversammlungen der ganzen Gemeinde einzuplanen. Wir dürfen als Gemeinde niemals so viel Programm haben oder so verplant sein, dass wir keinen Raum für eine Reaktion haben, wenn wir bei unvorhergesehenen Aktionen plötzlich auf feindliche Aktivitäten stoßen. Keine Armee hat jemals einen Sieg errungen, die nicht die Flexibilität gehabt hätte zu kämpfen, wenn es die aktuellen Umstände erforderten.

Ben Parish, der das Ältestenteam meiner Gemeinde in Lowestoft leitet, erzählt ein Beispiel:

„Die Neuigkeit erreichte uns während einer Gebetswoche im Januar, die die Gemeinde abhielt: bei Jimmi Clarke war plötzlich Magenkrebs diagnostiziert worden. Es gibt Zeiten, in denen muss man sich als Ortsgemeinde zahlreich versammeln, um für einen Durchbruch in einer bestimmten Situation zu beten wie eine Armee, die einen Angriff auf feindliches Gebiet startet, und das schien ein solcher Moment zu sein. Wir schickten die Nachricht herum, dass wir am letzten geplanten Gebetsabend speziell für Jimmi und seine Heilung beten würden. Es war unglaublich, wie sich die Gemeindefamilie geschlossen versammelte und wie viele inbrünstige Gebete ausgesprochen wurden, damit der Krebs verschwinden und Jimmis Gesundheit wiederhergestellt würde. Während an diesem Abend kein sofortiges Wunder passierte, bezeugt Jimmi, dass das offensive Gebet vieler Freunde, der Familie und Christen der ganzen Welt ihn und seine Familie durch diese Zeit hindurchgetragen hat, und dass er mittlerweile wunderbarerweise völlig gesund ist."

Möglicherweise ist es relativ leicht sich vorzustellen, dass die Gemeinde so positiv reagiert, wenn sie einer dramatischen und außergewöhnlichen Situation gegenübersteht. Jedoch sollten wir die Offensive durch regelmäßiges gemeinsames Gebet aufrechterhalten.

DER TESTUDO-EFFEKT

Die römischen Soldaten waren auf dem Schlachtfeld nahezu unbesiegbar, und das dank einer Methode, die nach der Schildkröte benannt ist. Bei der bekannten Testudo-Formation (testudo = lat. für Schildkröte) fügten die römischen Soldaten ihre Schilde so aneinander, dass es aussah wie der Panzer einer Schildkröte. Dieser Verbund, der durch Teamarbeit entstand, hatte enorme Vorteile auf dem Schlachtfeld, sowohl zum Schutz als auch beim Vorrücken.

Ich erinnere mich an einen ziemlich gewaltigen Moment während einer Versammlung von Netzwerk-Leitern. Wir hatten Neuigkeiten über unsere unterschiedlichen Situationen und Gebetsanliegen ausgetauscht. Ich hatte über eine Zeit berichtet, in der ich anhaltenden Druck empfunden hatte und außergewöhnlich herausgefordert war. Nach dieser Zeit hatte ich mich gefühlt, als wäre alle meine Energie für den geistlichen Kampf aufgebraucht, und ich war ziemlich ängstlich, wenn ich ehrlich bin. Die Leiter dieser Gruppe stellten sich um mich herum und nahmen Autorität über das, was auf mich gekommen war. Es gab eine Menge Prophetien und kraftvolle Siegesproklamationen.

Ich empfand und begegnete in diesem Moment einer Welle geistlicher Kraft, die sich auf einem anderen Niveau befand, als alles, was ich allein für mich hätte tun können. Ich empfand, dass etwas in der Himmelswelt gebrochen wurde. Wir brauchen einander, um füreinander zu beten... Testudo!!!

Wenn ich die Analogie zu der römischen Armee noch ein bisschen weiterführe, dann ist jede Ortsgemeinde eine Armee mit dem Ziel, Gottes Gebote und Ordnungen in die Gesellschaft hinein zu bringen, ob lokal, regional, national oder sogar international. Unsere eigene Gebets-„Testudo" zu bilden, schafft uns einen erheblichen Vorteil im geistlichen Kampf für die Ausbreitung des Evangeliums und darum, dass Männer und Frauen Jesus Christus kennenlernen.

John Sutcliffe war ein Zeitgenosse William Careys, von der Olney Baptist Gemeinde. Er spricht über die Realität des geistlichen Kampfes und das wesentliche Element des gemeinsamen Gebets, wenn man jenen angeht. Er sagt:

„... jeder sollte sich bewusst sein, dass es in dieser Welt zwei Lager gibt, die sich für zwei konträre Sachen einsetzen; die Sache Gottes und die Sache Satans; die Sache der Heiligkeit und der Sünde; des Himmels und der Hölle. Das Vorrücken des einen und der Niedergang des anderen müssen für jeden Freund Gottes und der Menschen mehr als erstrebenswert sein... Oh, denn Tausende und Abertausende versammelten sich in kleinen Gruppen an ihrem jeweiligen Wohnort, in ihrer Stadt, ihrem Dorf und ihrer Nachbarschaft, alle zur selben Zeit und mit dem einen Ziel vor Augen, und brachten dem Allerhöchsten ihre vereinten Gebete dar wie zahlreiche Wolken aus Räucherwerk." [21]

In meiner eigenen Gemeinde haben wir als Ältestenschaft empfunden, dass es gut wäre, uns freitags für eine Stunde zu einem Mittagspausengebet zu treffen. Nicht jeder kann jedes Mal dabei sein, aber die, die es ermöglichen können, treffen sich, fasten über die Mittagszeit und beten um das Wirken Gottes. Man stelle sich vor, welche Auswirkungen es hätte, wenn viele Gemeindeleitungs-Teams etwas Ähnliches täten. Man stelle sich vor, dass mit einem Minimum an

---

[21] John Sutcliffe, Preface to Jonathan Edwards' 'An Humble Attempt' in Edward Hickman (ed.) *The Works of Jonathan Edwards Vol 1 & 2.* (Banner of Truth Trust, 1974) S. 432. (eigene Übersetzung).

Organisation, Planung und Ausstattung die Mittagspause am Freitag mehr und mehr zu einer nationalen Stunde des Fastens und des Gebets um das Wirken Gottes werden könnte.

Um einen Songtext zu zitieren: „eine Armee steht auf, um alle Ketten zu sprengen."[22] Das spiegelt im Wesentlichen die Idee des gemeinsamen Gebets wider, das als Kampf angesehen wird. Die Schilde einer solchen Formation, wie oben beschrieben, sind defensiv. Sie wurden oft in Wasser getaucht, um feurige Pfeile auszulöschen, die unter Umständen auf sie abgefeuert würden. Epheser 6, 17 spricht davon, die „feurigen Pfeile" des Feindes auszulöschen. Die Schild-Formation bot einen strategischen Vorteil, den eine Person allein niemals hätte erlangen können.

Man kann feststellen, dass wenn weitere Leute zum Gebet dazu stoßen, plötzlich neue Impulse mit hinein kommen. Wenn wir gemeinsam beten und uns gegenseitig unterstützen, indem wir ein „Amen" zu den Gebeten der anderen sagen, dann kommt einmal mehr eine Kraft mit ins Spiel, die nichts

---

[22] Will Reagan und United Pursuit, 'Break Every Chain'. Aus dem Album *In the Night Season*, 2009.

mit unseren eigenen Ressourcen zu tun hat. Das sind die Waffen des Heiligen Geistes, die mit ins Spiel kommt: Verstärkung kommt für einen umzingelten belagerten Außenposten des Himmels.

Vor einigen Jahren haben wir als *Relational Mission*-Gemeindefamilie empfunden, dass es gut wäre damit anzufangen, mit der ganzen Gemeindefamilie Gebetshalbnächte abzuhalten. Wir haben damit angefangen, uns dreimal im Jahr zur selben Zeit, am selben Tag an verschiedenen Orten in geographischen Brennpunkten („Hubs") zu versammeln, um für dieselben Anliegen zu beten. Diese Initiative, die wir „*Enough*" („Es reicht") genannt haben, ist gewachsen und zurzeit, da ich diese Zeilen schreibe, ist abzusehen, dass sie auch dadurch wächst, dass andere Gemeinden, die nicht zu unserem Gemeindeverband gehören, mit dazukommen. Diese Initiative war eine Reaktion auf das Reden Gottes, uns in großer Zahl zu versammeln, und nach meiner eigenen bescheidenen Meinung, je größer desto besser.

Der Teufel versucht den Kampf, der im Gange ist, zu verschleiern. Wenn er uns davon überzeugen kann, dass Frieden herrscht, obwohl wir uns im Krieg befinden, dann hat er einen wichtigen taktischen Sieg errungen. Satan ist ein subversiver, kluger und verborgener, aber dennoch präsenter Gegner. Wenn wir die Mächte der Finsternis bekämpfen, dann haben wir Sieg, wenn nicht, dann erleiden wir vermeidbare Verluste. Krieg ist so. Manchmal kann es sein, dass wir uns zahlenmäßig und waffentechnisch unterlegen fühlen. Der Teufel und seine Gewalten sind viel mächtiger als wir Menschen. Aber wir haben alle Hilfsquellen, nämlich die Kraft des Heiligen Geistes, der uns hilft zu beten, und der unsere Gebete beantwortet. Wir kämpfen nicht mit menschlicher Kraft, im Gegenteil, wir schöpfen aus einer anderen Quelle.

> *„Ein kleines Kind, das auf einen Feind trifft oder auf ein wildes Tier, ist nicht geneigt, sich auf seine eigene Kraft zu verlassen, sondern flüchtet sich zu seinen Eltern: ebenso ist ein Heiliger, wenn er sich auf einen geistlichen Feind einlässt, nicht selbstsicher, sondern flieht zu Christus als seinen Zufluchtsort."* [23]

---

[23] Jonathan Edwards, 'A treatise concerning religious affections in three parts', Part 3 Section IX – 'Gracious affections soften the heart, and are attended with a Christian tenderness of Spirit' in

Gebet funktioniert, weil wir, wenn wir es tun, im Gehorsam das tun (den HERRN bitten), wozu wir angehalten sind, und weil wir jemanden bitten, der mehr als fähig ist, nicht nur das zu geben, um was wir bitten, sondern weitaus mehr als das, um was wir gebeten haben oder was wir uns überhaupt vorstellen können (vgl. Epheser 3, 20). Das gemeinsame Gebet ermöglicht es uns, im Glauben zum Thron Gottes vorzudringen, auch wenn wir müde sind oder uns schwach oder unwohl fühlen. Wir ziehen uns gegenseitig mit, dorthin.

Manchmal kann es etwas unangenehm sein, um Gebet zu bitten, besonders wenn man ein Leiter ist. Aber Paulus schreibt des Öfteren an seine Gemeinden und bittet sie um Gebet. In 2. Korinther 7, 5 schreibt Paulus:

> *„Zunächst nämlich fanden wir – schwach, wie wir sind – auch dann keine Ruhe, als wir nach Mazedonien kamen. Im Gegenteil, wir gerieten von allen Seiten unter Druck: Nach außen hin mussten wir uns gegen Angriffe wehren, und in unserem Innern wurden wir von Sorgen und Befürchtungen umgetrieben."* [24]

Edward Hickman (ed.), *The Works of Jonathan Edwards Vol 1.* (Banner of Truth Trust, 1974) S. 308. (eigene Übersetzung).
[24] *NGÜ.*

Das war der Grund, warum Paulus oft um Gebet für sich bat. Er wusste, dass er es mit Mächten und Gewalten zu tun hat, die viel zu stark sind, als dass er es alleine mit ihnen hätte aufnehmen können. Und in 2. Korinther 1, 11 heißt es:

> *„Auch ihr könnt dabei mithelfen, indem ihr für uns betet. Wenn viele das tun, werden dann auch viele Gott für die Gnade danken, die er uns erfahren lässt."* [25]

Es war ihm bewusst, dass es entscheidend für seinen apostolischen Dienst ist, dass sich viele Leute regelmäßig und beständig am gemeinsamen Gebet für ihn beteiligten.

Wann immer sich eine Einzelperson oder ein Team aufmacht, um neues Land einzunehmen, ob es dabei um eine Gemeindegründung geht, einen geistlichen Dienst an einem bestimmten Ort, oder darum, sich am Arbeitsplatz oder in der weiteren Gesellschaft für Werte des Reiches Gottes einzusetzen, brauchen wir den Testudo-Effekt. Wir können nicht Leute bitten, dass sie einen Schritt nach Außen machen, bevor wir nicht mit strategischem gemeinsamem Gebet an Ort

---

[25] *NGÜ.*

und Stelle sind, um ihnen den Gebetsschutz zu bieten, den sie brauchen, wenn sie vorangehen.

Der Ausdruck „Waffenbrüder" wurde für diejenigen verwendet, die zusammen auf dem Schlachtfeld gekämpft haben. Man fand heraus, dass auf der Beziehungsebene etwas im Kampf geschmiedet wurde, was um des gemeinsamen Zieles willen eine besonders tiefe Hingabe aneinander bewirkte. Genauso entsteht oft bei Menschen, die sich gemeinsam auf einem Feldzug befinden, ein lebenslanges Band, weil jeder sein Leben in die Hand des anderen legt. Jede Gemeinde, die eine Anzahl weiterer Gemeinden gegründet oder Nationen durch Missionseinsätze erreicht hat, oder sich auf ein langwieriges Bauprojekt eingelassen hat, weiß um den riesigen gemeinsamen Gebetseinsatz, der erforderlich war, um diese Dinge ins Leben zu rufen und fruchtbar werden zu lassen. Solche „kriegsähnlichen" Einsätze formen feste Beziehungen innerhalb der gesamten Gemeinde.

Manchmal scheint es so, als hätten wir Boden, oder eine Schlüsselstellung, verloren. Manchmal beten wir, und die Situation verändert sich nicht, oder sie scheint sogar noch schlimmer zu werden. Nicht alle Kämpfe werden sofort gewonnen. Wir müssen hinsichtlich offensichtlicher Verluste und Rückschläge mit „kriegsähnlichen" Zuständen leben .

GEBET IST EINE SCHWERE WAFFE

Ein Rückschlag, eine offensichtliche Niederlage oder Zeitverlust muss in derselben Art und Weise behandelt werden, wie man es bei der Armee tun würde. Wir bekommen die Auswirkungen zu spüren, schätzen die Situation ein, strukturieren um, durchdenken alles neu und versuchen es aufs Neue mit einem Einsatz. Oft muss sich gerade die scheinbar unbesiegbarste Festung eines Tages denen beugen, die unnachgiebig bleiben und mutig und nicht zurückweichen, voll Vertrauen in die Ressourcen, die ihnen zur Verfügung stehen und der Sache gewiss, für die sie sich einsetzen. Gib niemals auf! In Kolosser 4, 2-3 heißt es:

„Betet mit aller Ausdauer, voll Dankbarkeit gegenüber Gott und ohne in eurer Wachsamkeit nachzulassen. Tretet auch für uns ein, wenn ihr betet! Bittet Gott, uns eine Tür für seine Botschaft zu öffnen. Dann können wir das Geheimnis

weitergeben, das Christus uns enthüllt hat und für das ich im Gefängnis bin." [26]

Fakt ist, dass der Kampf ziemlich sicher schon gewonnen ist. Jesus hat den Sieg schon errungen. Wir kämpfen nun zusammen mit IHM darum, die Auswirkungen des Sieges, der am Kreuz errungen wurde, zu etablieren. Damit *es auf der Erde sei wie im Himmel*. Es gibt eine Menge Land, das von IHM eingenommen werden muss, mit IHM und durch IHN – ein Herz nach dem anderen, das sich dem Retter hingibt.

Wenn wir die Bildsprache bezüglich des geistlichen Kampfes, den die Bibel verwendet, ernst nehmen, dann müssen wir zu dem Schluss kommen, dass unsere Gebete unsere schweren Waffen sind. Diese müssen sich an der Front befinden und nicht im Erholungszelt. Wenn es uns so vorkommt, als ob wir der Kultur unterlegen sind, die uns umgibt und dann anfangen zu beten, werden wir bemerken, dass es gerade umgekehrt ist. In Wahrheit bringen wir den Festungen der Gottlosigkeit eine Niederlage bei. Welche

---

[26] *NGÜ.*

Gebetsstrategie verfolgt Deine Gemeinde? Befinden sich die schweren Geschütze an der Front?

Unsere letztendliche Zuversicht liegt jedoch nicht in unseren Gebeten, sondern in der Kraft und Autorität Christi, der all unsere Feinde unter seine Füße getreten hat und treten wird. Gebet bedeutet Partnerschaft mit Christus. Christus hat den Menschen erlöst und ihn dazu gesetzt, zusammen mit IHM zu herrschen und zu regieren. Wir sitzen neben Jesus. Wir haben Anteil an seinem Erbe. Christus ist unser großer Bruder. Wir sind ins „Familiengeschäft" eingestiegen. Von dieser Position aus regieren und herrschen wir, zusammen mit IHM.

Als SEINE Miterben haben wir die Ehre und das Recht, ihn im Gebet zu bitten. Gebet ist der Weg, auf dem Christus bestimmt hat, seine Kraft und Autorität freizusetzen, und zwar hinein in und für jede Situation. Gebet ermöglicht eine souveräne Partnerschaft beim Kampf, aber es ist nicht eine, die von uns ausgeht, sondern ist eher wie unsere Antwort an unseren Befehlshaber, den Feldherrn, den HERRN der Heerscharen. In 2. Chronik 20, 15 heißt es:

„So spricht der HERR zu euch: Fürchtet euch nicht und seid nicht niedergeschlagen vor dieser großen Menge! Denn der Kampf ist nicht <eure> Sache, sondern Gottes!" [27]

Der Kampf ist in der Tat Gottes Sache. Wir befinden uns nicht in einer Art Dualismus, in dem der Ausgang ungewiss ist. Wir müssen Gott nicht dazu überreden, uns zu helfen und für uns zu kämpfen, während ER sich im Grunde ziemlich zurückhält. ER ist sich des Kampfes mehr bewusst und engagiert sich mehr darin, als wir es jemals tun werden. Er hat am Kreuz gekämpft und gesiegt. Und wir stoßen jetzt dazu, in der Zeit, in der die unaufhaltsame Ausbreitung SEINES Königreiches in allen Nationen vorangetrieben wird, indem ER SEIN Königreich aufrichtet und sich alle Dinge unterwirft. Wir beten zu Christus und ER schreitet ein als unser Befreier.

---

[27] *Elberfelder Bibel.*

4
FEUER

GEMEINSAMES GEBET IST WIE FEUER ENTFACHEN

Apostelgeschichte 2, 1-4 sagt:

> *„Schließlich kam das Pfingstfest. Auch an diesem Tag waren sie alle wieder am selben Ort versammelt. Plötzlich setzte vom Himmel her ein Rauschen ein wie von einem gewaltigen Sturm; das ganze Haus, in dem sie sich befanden, war von diesem Brausen erfüllt. Gleichzeitig sahen sie so etwas wie Flammenzungen, die sich verteilten und sich auf jeden Einzelnen von ihnen niederließen. Alle wurden mit dem Heiligen Geist erfüllt, und sie begannen, in fremden Sprachen zu reden; jeder so, wie der Geist es ihnen eingab."* [28]

Für mich ist eines der angenehmsten Dinge im Winter, in unserem kleinen Holzofen, den wir zu Hause haben, ein Feuer

---

[28] NGÜ.

anzuzünden und mich davon aufwärmen zu lassen. Ein Feuer hat etwas Faszinierendes und Bezauberndes. Es wärmt nicht nur den Körper, sondern oft auch die Gedanken und Gefühle. Ein gutes Feuer braucht den richtigen Brennstoff, man braucht etwas Zeit, um es in Gang zu bringen und ein bisschen Planung, um es am Brennen zu halten. Ein gutes Feuer braucht Platz um die Feuerstelle herum, damit sich Temperatur aufbauen kann. Es braucht Zeit bis sich eine Eigendynamik entwickelt.

Ich bin davon überzeugt, dass wir hier im Westen einmal mehr eine Kultur des gemeinsamen Gebets aufbauen müssen. Das ist ein Prozess. Man kann ihn nicht beschleunigen. Es ist so, als ob das Holz nass geworden wäre und getrocknet werden müsste. Manchmal denke ich, dass es den Rest meines Lebens dauern könnte, bis das Feuer so in Gang ist, wie ich glaube, dass Gott es sich gedacht hat. Sei´s drum, ich bin froh, dass ich auf eine bescheidene Art ein Feueranzünder sein darf.

Ebenso wie das Feuer in meinem kleinen Holzofen, braucht auch ein Gebetstreffen ein bisschen Planung, Geduld und den richtigen Brennstoff, so dass sich Flammen und Temperatur aufbauen können. Ich spreche nicht davon, Emotionen hochzuschaukeln. Vielmehr möchte ich darauf hinweisen, dass es Wege gibt, es dem Heiligen Geist zu ermöglichen, eine Gebetsveranstaltung in etwas zu verwandeln, an dem ER entscheidend beteiligt ist.

Wie kann das geschehen? Die Bibelstelle oben zeigt eine Dynamik auf, zwischen Gott und Mensch beim Gebet. Die Leute gehen ins Gebet, und Gott antwortet mit seiner deutlich erkennbaren Gegenwart. Wir dürfen nicht bei einer guten Lehre und Praxis in Bezug auf die Geistestaufe stehen bleiben, sondern müssen die Leute darüber aufklären, wie man geisterfüllt lebt. Je vertrauter wir mit dem Heiligen Geist und seinen Wegen werden, desto leichter wird ein Gebetstreffen im Heiligen Geist fließen können. Die Geistestaufe wird sich mit Sicherheit auf das Gebetsleben einer Gemeinde auswirken.

Gebetstreffen bieten den Leuten eine Gelegenheit zu lernen, in ihren Gaben zu dienen und bei ihrem Dienst im Geist zu fließen. Im Gegensatz zu einem Sonntagmorgen, an dem oft viel Programm ist, hat ein Gebetstreffen meiner Erfahrung nach oft weniger Struktur, es hat mehr Spielraum und gibt der offensichtlichen Gegenwart Gottes Raum, oder sollte das zumindest.

FEUER IST NICHT ORDENTLICH

Gemeinsames Gebet ist chaotisch, unordentlich und schwierig zu kaschieren. Feuer ist nicht ordentlich, besonders nicht, wenn die Funken fliegen. Manchmal sind die Beiträge ein bisschen daneben und mitunter peinlich. Wenn wir die Gemeinde keimfrei gemacht haben, damit sie immer sauber erscheint, dann haben wir nicht nur die Ursprünglichkeit menschlicher Interaktion mit Gott verloren, sondern als Gemeinde auch das, worum es bei Familie geht. Gemeinde ist keine Theaterinszenierung und auch kein Musterbeispiel einer Geschäftsidee mit einem Vortrag über Grundsätze. Sie ist eine Familie und ähnelt eher einem Treffen zum Weihnachtsessen als einer formalen Dinner-Party im Anzug.

Feuer ist nicht ordentlich und vorhersehbar. Feuer brennt und verzehrt. Wenn Du das Vorrecht hast, eine Gebetsversammlung zu leiten, dann möchte ich Dich ermutigen, Fehler in Gebetsveranstaltungen zuzulassen und dich nicht an Beiträgen zu stören, die nichts mit dem zu tun haben, wofür alle anderen beten. Lass einfach los und geh weiter. Es ist leichter mit einer Gemeinde zu arbeiten, die Leidenschaft besitzt, aber keine Ordnung, als mit einer Gemeinde, die eine Ordnung hat, aber keine Leidenschaft.

Wenn man möchte, dass die Leute in ihren Gaben und in ihrer Leidenschaft für Christus wachsen, wenn man möchte, dass sie den Heiligen Geist wiedererkennen und freudig auf ihn und seine Aktivität reagieren, dann gibt es, meiner Erfahrung nach, keinen besseren Weg, als die Leute mit in gemeinsame Gebetstreffen zu nehmen und sie mit einzubeziehen. Leiter, Gemeindegründer, Evangelisten, Leute, die sich um eine Verbesserung der Zustände der Armen kümmern und Propheten, alle diese können in einer Gebetsveranstaltung geboren werden. Gebetsveranstaltungen, die lebendig sind, weil offensichtlich die Gegenwart Gottes da ist, helfen nicht nur denen, die da sind, sie beeinflussen auch viele, die nicht anwesend sind, indem Gebete erhört werden. Es ist eine Win-Win-Situation. Wenn man an einer Gebetsveranstaltung teilnimmt, lernt man, wie man betet, und lernt die Dinge wichtig zu nehmen, die Gott wichtig nimmt. Das Feuer springt über, sogar feuchtes Holz fängt an zu glimmen und lässt sich eventuell sogar in Brand stecken. Gemeinden, bei denen das charismatische Leben nachlässt, können neue Kraft gewinnen, indem sie Gebetsveranstaltungen abhalten.

Mein Holzofen hat ein Metallgehäuse, das ihn sicher macht. Wäre das Feuer auf dem Teppich, wäre es gefährlich. Ist ein Feuer außer Kontrolle, brennt das Haus ab. Es ist richtig, dass Leiterschaft und Autoritäten einen sicheren Ort schaffen, an dem Feuer entfacht werden und gefahrlos auflodern kann. Durch gute und von Gott eingesetzte Leiterschaft wird ein Rahmen abgesteckt, in dem das Feuer richtig brennen kann, so dass man Licht und Wärme hat, sich aber nicht verbrennt.

Eine Gebetsveranstaltung zu planen ist wichtig: Inhalt, Ort, Leitung und Fluss der Veranstaltung sind ausschlaggebend. Wir würden nie daran denken, am Sonntagmorgen zu erscheinen ohne irgendeine Vorstellung davon zu haben, was auch immer der Inhalt, die Form oder der zeitliche Rahmen der Veranstaltung sein soll. Warum denken wir, dass Gebetsveranstaltungen weniger Aufmerksamkeit und Sorgfalt bräuchten? Eine Gebetsveranstaltung zu leiten fordert den Verantwortlichen hochkarätige geistliche Leitung ab. Die

Kunst, eine Veranstaltung zu leiten ist die, dass es sich anfühlt, als würde sie gar nicht geleitet werden, mit nahtlosen Übergängen von den Inhalten zum ungezwungenen Dahinfließen der Veranstaltung.

Eine Gemeinde, die wieder neu in das gemeinsame Gebet investiert hat, ist die Hope Church in Ipswich. Ich lasse hier Tom Scrivens, den leitenden Ältesten zu Wort kommen:

> *„In den vergangenen Jahren ist Hope Church bedeutend gewachsen. Nachdem wir uns so vervielfacht hatten, dass wir zwei Gottesdienste anbieten mussten, haben wir als Leiterschaft Gott gesucht, um für längerfristige Wegweisung zu beten und hatten den Eindruck, dass wir IHN um größere Räumlichkeiten bitten sollten. Mit nahezu Nichts auf dem Bankkonto hatten wir keine andere Wahl als zu beten, und so haben wir uns auf die Reise des gemeinsamen Gebets gemacht.*
>
> *Im Januar 2016 haben wir damit angefangen, an jedem ersten Mittwoch des Monats eine „Gebets- & Visions-Nacht" (Prayer & Vision night) abzuhalten und haben sie nur ausfallen lassen, wenn wir die „Enough"-Gebetshalbnacht unterbringen mussten. Wir haben in solchen Wochen alle Mittwochsgruppen abgesagt, um eine größtmögliche Beteiligung zu erreichen – jede Gruppe, von der bekannt wurde, dass sie sich in einer solchen Woche traf, riskierte, sich den Zorn der Ältesten zuzuziehen!*

Bei einer gelegentlichen Gebetsnacht nahmen ein paar Dutzend teil, bei unseren Gebets-& Visions-Nächten haben wir jetzt Zahlen von 100 aufwärts, und obwohl wir am liebsten noch mehr dabei hätten, haben wir [doch] gesehen, wie das Verlangen der Gemeinde nach gemeinsamem Gebet gewaltig gewachsen ist. Ganz nebenbei haben wir einige unglaubliche Dinge erlebt, die Gott als Antwort auf unsere Gebete getan hat!

Ein Schlüssel bei uns war es, Vision für diese Treffen durch Predigten zu vermitteln. Gemeindeleiter müssen realistisch sein, wenn es um die Abkündigungen geht – normalerweise schaltet die Versammlung dabei auf Durchzug, weil man die Daten und Details der Veranstaltungen auch anderswoher bekommen kann. Eine strategische Planung der Predigten war ausschlaggebend, und wir predigen nahezu immer am Sonntag vorher über Gebet und machen auch einen Aufruf, bei der Gebets- & Visions- Nacht dabei zu sein.

Wir haben sie bewusst anders gestaltet, und das hat zu der Eigendynamik dieser Abende beigetragen. Wir hielten unsere Treffen im Hauptsaal ab (Kapazität für 200 Leute) und mit einer vollbesetzten Lobpreisgruppe, die uns in den Lobpreis führen sollte, bevor wir zu beten anfingen. Das vermittelt der Gemeinde die Botschaft, dass wir erwarten, dass viele kommen, während es etwas anderes aussagen würde, sich in einem Nebenraum zu treffen und eine kleinere Besetzung der Musikgruppe da zu haben.

Innerhalb dieser zweieinhalb Jahre haben wir eine Menge abgedeckt von dem, was man beim eifrigen Beten tut, und wir erleben, dass es funktioniert! Wir sind kürzlich zu einem neuen

Gruppensystem übergegangen, was bedeutete, dass wir unsere Gebets-&Visions-Nächte beenden mussten, aber wir sind mehr denn je davon überzeugt, dass dies die „Ereignisse" sind, die unsere Gemeinde wirklich voranbringen, hinein in die Berufung Gottes. Sie sind absolut entscheidend!"

TREIBSTOFF FÜR DAS GEBET

Nur allzu leicht können wir denken, dass Feuer und Struktur sich widersprechen, aber das ist einfach nicht der Fall – das Gebet zu planen, sollte das Feuer anfachen und nicht ersticken! Ich möchte die Feuer-Analogie noch ein bisschen weiterführen (mag sein, dass das jetzt ein bisschen überzogen ist, aber ihr werdet die Aussage dahinter verstehen). Leicht ein Feuer antzünden kann man, wenn man trockenes Holz hat und kein feuchtes. Eine Gebetsveranstaltung startet gut, wenn die Herzen offen sind und bereit für das Wirken Gottes, voller Erwartung, dass Gott da ist. Ein gutes Feuer wird es, wenn man das Kleinholz in einer guten Struktur um einen Feueranzünder herum aufschichtet. Eine Gebetsveranstaltung geht gut weiter, wenn man ein solides Programm für die Gebetszeit hat. Die Zeiteinteilung ist wichtig, man muss dem Feuer Zeit lassen, pusten, die Abzugsöffnung aufmachen, damit das kleine Lockfeuer zu einem richtigen Feuer werden kann und sich ausbreitet. Manchmal dauert es eine Weile bis es in Gang kommt. Ein Feuer kann sogar einige Male ausgehen und benötigt zu Beginn ein bisschen Aufmerksamkeit. Eine solche Dynamik betrifft nicht jede Gebetsveranstaltung, sondern auch den Aufbau einer Gebetskultur in einer Gemeinde der Bewegung. Es braucht Geduld, Zeit, eine Methode, Konzentration und einen Brennpunkt, aber Gebet breitet sich aus wie Feuer, wenn es erst mal angefacht ist.

Oftmals können wir uns selbst ins Gebet hineinbeten. Ich erinnere mich an viele Frühgebete im Winter, für die ich das Haus noch im Halbschlaf verlassen habe, und die ich dann - noch immer halb schlafend angefangen habe. Aber wenn das Feuer in Gang kommt, so habe ich oft festgestellt, gibt es einen Moment, wenn jemand etwas betet, an dem etwas in meinem Geist entzündet wird, und alle anderen empfinden es genauso. Mit dieser Erfahrung stehe ich nicht allein da. Daniel Goodman von der City Church Cambridge sagt:

„Ich habe es niemals bereut, gebetet zu haben. Das bedeutet nicht, dass ich es nicht manchmal hart gefunden hätte zu beten, oder dass ich nicht von Zeit zu Zeit versucht gewesen wäre, zu Hause zu bleiben, aber, wenn ich gebetet habe, war ich immer froh, dass ich es getan hatte. Die besten Gebetstreffen, an denen ich teilgenommen habe, waren die, bei denen man den Eindruck hatte, dass alle in die gleiche Richtung ziehen. Vielleicht wäre es besser zu sagen, in denen alle in die gleiche Richtung gezogen wurden. Ich denke, dass das der Fall ist, wenn eine große Herzenseinheit da ist. Vielleicht kennt man nicht jeden, vielleicht sprechen auch nicht alle die gleiche Sprache, aber alle wissen, dass sie sich auf derselben Reise befinden, und die Gebete scheinen einfach zu fließen.

Es gibt eine Menge kreativer Arten zu beten! Ich denke, einige meiner Lieblingszeiten zusammen waren die, in denen wir in eine andere Art des Betens mit hineingenommen wurden, als ich es gewohnt war! Unsere Gebetszeiten haben schon Postkarten beinhaltet, Bilder, Papierflugzeuge, Süßigkeiten und Puzzles, um nur einige Beispiele zu nennen!

Es ist auch überaus ermutigend, wenn man die Auswirkungen eines Gebetes sofort sieht. Einmal hatte jemand den dringlichen Eindruck, dass wir für eine bestimmte Familie in Schweden beten sollten. Wir haben später erfahren, dass die ganze Familie fünf Minuten nachdem wir gebetet hatten, in einen schweren Verkehrsunfall verwickelt worden war, aber dass alle Familienmitglieder (einschließlich der schwangeren Mutter!) unversehrt geblieben waren. Das ist die Kraft des Gebetes in Echtzeit!"

Wir können lernen zu beobachten und bei einem Thema miteinzusteigen, das sich entwickelt. Ein Thema wird eingebracht, ein Lied gesungen, eine Geistesgabe (Sprachengebet, Prophetie) ausgeübt: Der Heilige Geist regt etwas an. Einer betet, andere empfinden in ihrem Herzen ein Amen, eine Last, eine Ergriffenheit von dem, für das gebetet wurde. Ein anderer betet im Fluss des Themas, es wird lauter, in dem Maße, indem die „Amen" bewusster und kräftiger hinzugefügt werden. Ein Gebet nach dem anderen schlägt hoch wie Feuerflammen, die das Kleinholz erfassen. Einer betet das erste Mal laut, das versetzt den Raum noch mehr in Erwartungshaltung und die Intensität wird stärker. Ein weiteres Lied nimmt das Thema auf, eine Welle von gemeinsamem lautem Gebet in der Muttersprache der Anwesenden vermischt sich mit der Gabe des Sprachengebets, wenn die Herzen überfließen über das hinaus, was sie mit ihrem Verstand zu beten vermögen.

Wie Paulus sollte man mit dem Verstand beten, aber auch mit dem Geist. Alles fließt ineinander. Eine Stille entsteht, wir warten, eine Pause, es gibt Erwartung und Besinnung. Ein anderes Gebetsanliegen wird vom Leiter der

Gebetsveranstaltung genannt, die Gebets-Flammen lodern jedes Mal etwas schneller auf. Immer wieder wiederholt sich dieser Kreislauf: Danksagung, Lobpreis, Flehen und Fürbitte, Bitten, Bitten und nochmals Bitten. Wo ist nur die Zeit geblieben? Das ist eine Gebetsveranstaltung.

Ich bin in einigen wunderbaren Gebetsveranstaltungen gewesen, in denen die Gegenwart Gottes überaus eindrucksvoll war, was sich in meine Erinnerung eingebrannt hat. Eine dieser Veranstaltungen war in Kenia. Ich habe selten eine solche Intensität der Fürbitte erlebt. Es war keine hochgepuschte Atmosphäre. Es begann – wie es unsere Feuer-Analogie illustriert – in einer ruhigen und leisen Art. Dann aber gab es einen Punkt, an dem die ganze Versammlung geschlossen anfing, Gott mit Feuereifer anzurufen; das Ganze schien Stunden zu dauern, tatsächlich dauerte es aber nur 15 Minuten.

In diesem Kontext, inmitten all des Lärms, sprach Gott sehr tief und ganz persönlich zu mir über etwas, von dem er wollte, dass ich es mit ihm zusammen tue. Ich finde es immer wieder erstaunlich, dass Gott fähig ist – inmitten von Lärm – mit einer stillen und leisen Stimme zu sprechen! Die Gemeinde der Süd- und Osthalbkugel hat die Gemeinde im Westen einiges über Gebet zu lehren. Es geht nicht darum, einen Stil zu kopieren, es geht darum Werte zu reproduzieren. Die, die an das Gebet glauben, sollen beten! Der Westen ist im Großen und Ganzen in einer Art Abhängigkeit gefangen von dem, was logisch, empirisch und erfahrbar ist. Sehr viele finden es schwierig, sich auf die geistliche Seite der Dinge einzulassen. Vielleicht ist es nötig, dass da einige kulturelle Festungen in unserem Denken fallen.

5
ORCHESTER

GEMEINSAMES GEBET IST WIE
IM ORCHESTER SPIELEN.

„Blast die Posaune zu Zion;
sagt ein heiliges Fasten an,
ruft einen Feiertag aus!
Versammelt das Volk,
heiligt die Gemeinde,
sammelt die Ältesten,
bringt zusammen die Kinder,
und die Säuglinge!
Der Bräutigam gehe aus seiner Kammer
und die Braut aus ihrem Gemach." [29]

JOEL 2:15-16

Bei meinem Studium der Bücher, Abhandlungen, im Laptop und so weiter habe ich eine kleine Stimmgabel. Es ist, soweit

---

[29] *Die Bibel nach Martin Luthers Übersetzung.*

ich weiß, die Note A. Ich habe sie bei mir, damit sie mich daran erinnert, dass Gott, wenn ich mein Bestes gebe, um der Gemeinde zu dienen, von mir erwartet, dass ich sicher stelle, dass alles, was ich lehre, baue, praktiziere, sage, herausgebe und zu was ich ermutige sowohl im Einklang mit der Heiligen Schrift steht, als auch mit dem Wirken des Heiligen Geistes. Wie jeder, der einmal eine Live-Band gehört hat, bestätigen kann, ist es wesentlich für einen schönen Klang, alles richtig gestimmt zu haben.

Ich liebe Musik, nahezu alle Arten, besonders aber Jazz. Dieses Genre spiegelt in meinen Augen am besten die Vereinigung von unveränderbaren Richtlinien und individueller Kreativität wider. Damit das mit dem Jazz funktioniert, müssen alle Musiker in der gleichen Tonart spielen, aber Jazz gibt Raum, so dass die Musiker auch unabhängig voneinander heraustreten können, während alle anderen den unterstützen, der gerade die Führung übernimmt. Nicht alle improvisieren gleichzeitig, aber es übernehmen ziemlich unterschiedliche Musiker für unterschiedliche Teile des Stückes die Führung.

Bei einer Symphonie bringt der Dirigent unterschiedliche Instrumente zu unterschiedlichen Zeiten zum Einsatz. Manchmal zieht ein Solopart unsere Aufmerksamkeit auf sich. In Joel, wo wir lesen „Blast die Posaune, ..." war das eine markante Parole, und, wenn man so will, war es ein Teil der Symphonie, der mehr dazu einlädt, sich zu engagieren als dem Solisten zu applaudieren. Manchmal mag es den Anschein haben, dass ein Dirigent alle Instrumente gleichzeitig zum Einsatz bringt, wenn er ein Crescendo von großer Kraft und Emotion, Harmonien, Rhythmen und Melodien entfesselt. Das ist ein bisschen wie in Apostelgeschichte 4, 24, wo alle zusammen ihre Stimmen erheben, um zu Gott zu schreien. In besonderer Weise waren ihre Gebete so eins, dass die Gesamtheit ihrer Inhalte und Themen zusammengefasst werden konnte in einem Gedanken: „Herrscher, du, der du den Himmel und die Erde und das Meer gemacht hast..."[30]

Musik, die von verschiedenen Musikern gespielt wird, hat viel Ähnlichkeit damit, wie ein gutes Gebetstreffen ablaufen kann und auch sollte – Gefühl, Inhalt, die gleiche Tonart, das

---

[30] *Elberfelder Bibel.*

gleiche Tempo, Einheit und Harmonie, Übereinstimmung beim Thema und im Stil. Es ist interessant, dass Jonathan Edwards sich auf diese weitverbreiteten Gebetstreffen als auf ein „Konzert für das Gebet"[31] bezog [was später von anderen, wie z.B. David Bryant umgemünzt wurde in „Konzert des Gebets"]. Der Vergleich mit der Musik wurde also nicht nur von ihm verstanden. Und um noch weiter im Bild zu bleiben: Was sind vergleichbare Punkte, die man von der Musik auf das gemeinsame Gebet übertragen kann?

IM EINKLANG MITEINANDER BETEN

Gebet, wirkungsvolles Gebet, erfordert es, dass wir miteinander im Einklang sind. Kein Missklang, keine Uneinigkeit. Einheit bedeutet nicht unbedingt, dass man Leute geografisch am selben Ort versammeln muss, die dann dasselbe tun, obwohl das zuweilen ein Ausdruck der tieferen Bedeutung von Einheit sein kann. Einheit bedeutet auch nicht Probleme zukleistern, die angesprochen werden sollten.

---

[31] Jonathan Edwards, *A Call to United Extraordinary Prayer: An Humble attempt...* (James Nisbett, 1831) S. 61.

Einheit lebt vielmehr vom Einvernehmen der Herzen, Zuneigung, Liebe und Wertschätzung des Leibes Christi. Psalm 133 zeigt, dass eine solche Einheit wie ein Kanal für Gott ist, durch den ER seinen Segen fließen lässt. Das wichtigste Gebet Jesu für seine Gemeinde findet sich in Johannes 17, wo Jesus wiederholt in verschiedenen Versen darum betet, dass „…sie eins seien…"[32]. Jesus sagt ganz bewusst, dass dieses Gebet nicht nur seiner kleinen Gruppe von Jüngern gilt, sondern „…auch für die, welche durch ihr Wort an mich glauben, …"[33]. Er betet auch im Hinblick auf die zukünftige Gemeinde. Über ein Thema, das IHM so wichtig ist, sollten wir nicht so schnell hinweggehen. Was IHM wichtig ist, sollte auch uns wichtig sein.

Auch in Epheser 4 finden wir die Mahnung, die Einheit der Gemeinde zu „bewahren". Danach gibt Paulus einen breiten Überblick darüber, was Christus in der weltweiten Gemeinde tut. Das wird in jeder Gemeinde anders umgesetzt, aber Paulus' Punkt ist klar: Einheit in der Gemeinde ist wichtig.

---

[32] *Elberfelder Bibel.*
[33] *Elberfelder Bibel.*

Eine der besten Möglichkeiten, Einheit zu erreichen, ist zusammen zu beten. Beim Beten vereinigen sich Herzen, die sich anders niemals vereinigt hätten. Es wird innerhalb einer Ortsgemeinde immer eine Anzahl unterschiedlicher Glaubensüberzeugungen und -praktiken geben, deshalb ist es oft nicht einfach die Einheit herzustellen. Es ist wichtig für die Leiter, in Bezug auf das unverfälschte Evangelium klar zu sein, und die Gläubigen aufgrund eines gemeinsamen Verständnisses des Evangeliums im Gebet und für die Mission zu einen. Dann können sie auf der Grundlage des gemeinsamen Verlangens beten, dass sich das Evangelium vor Ort ausbreiten möge, national und international.

Augustinus sagte:

„Im Wesentlichen Einheit, im Zweifelhaften Freiheit, in allem Liebe." [34]

John Wesley, dem die Uneinigkeit unter Glaubensbrüdern [auch] nichts Neues war sagte:

---

[34] Das Zitat wird Augustinus zugeschrieben; aus: https://www.aphorismen.de/zitat/2930 [15.07.2019].

„Auch wenn wir unterschiedlich denken, können wir deshalb nicht ohne Unterschied lieben? Können wir nicht eines Sinnes sein, auch wenn wir nicht einer Meinung sind? Ohne Zweifel, das können wir. Darin mögen alle Gotteskinder einig sein, trotz aller kleineren Differenzen." [35]

Wenn die Herzen anfangen, weich zu werden und sich einander zuzuwenden, wenn Leiter anfangen, sich um Leiter anderer Gemeinden zu kümmern, für sie beten, und sich danach sehnen, dass diese gesegnet werden, dann weiß man, dass der Boden für ein bedeutenderes Wirken des Heiligen Geistes bereitet ist. Ein allgemeines Merkmal einer echten Erweckung ist, dass die Einheit unter einer großen Bandbreite von Gemeinden sichtbar wird und von Herzen kommt. Eine Weichheit des Herzens führt dazu, dass man einander zuhört und einander wertschätzt, was wiederum dazu führt, dass man zusammen betet, und während wir beten, Gott anfängt zu wirken. Ich meine zu beobachten, dass je weiter sich eine Gesellschaft von Gottes guten Ordnungen entfernt und

---

[35] John Wesley, Sermon 39 – 'Catholic Spirit' in Thomas Jackson (ed.), *Complete Works* (Zondervan Publishing House, 1872), Seite unbekannt. (eigene Übersetzung)

seinen Moralkompass ändert, desto offensichtlicher wird die Verlorenheit und Hoffnungslosigkeit. Unter Umständen beginnt diese größere Not das Denken der Gemeinde mehr zu beherrschen als unsere weniger wichtigen (aber dennoch bedeutsamen) innergemeindlichen Differenzen. Die Tagesordnung heißt dann: „Gott, wir haben es nötig, dass Du dich über unserer Nation erbarmst". Die Punkte, die einst so wichtig waren für unsere Einheit, werden zweitrangig im Vergleich zu der verzweifelten Situation der Seelen, die in Scharen unterwegs sind in eine Christus-ferne Ewigkeit.

Eine der Dinge, die ich im Westen in den letzten Jahren beobachtet habe, ist das Auftauchen von Gebetsbewegungen, die verschiedene Strömungen, Netzwerke und Denominationen durchbrechen. Bei unserer eigenen *Enough*-Bewegung fangen wir an zu erleben, dass andere, die nicht Teil unsrer Gemeinde-Familie sind, Interesse bekunden, Teil davon zu werden. Ich liebe es und feiere die Tatsache, dass Gott der Gemeinde zu helfen scheint, die Freude und Kraft eines großangelegten gemeinsamen Gebets wiederzuentdecken. Ich würde mich freuen, wenn aus den 2000, mit denen wir unsere *Enough*-Initiative begonnen haben, 20.000 Beter würden, die, obwohl in verschiedenen Zeitzonen, Orten, Gemeinden und Sprachen, dennoch alle beten würden, um mit Jonathan Edwards zu sprechen: „Für die Erweckung unserer Stadt und darüber hinaus. Und für die Ausbreitung des Königreiches weltweit."[36] Was für eine Tagesordnung für das Gebet. Was für ein Konzert!

Aber Einheit ist nicht nur etwas, was seinen Ausdruck in der Einheit unter den Gemeinden finden sollte, sondern zu allererst auch in der Ortsgemeinde. Die Wirksamkeit des gemeinsamen Gebets einer Ortsgemeinde hängt eng zusammen mit der Einheit innerhalb dieser Gemeinde. Wir bekämpfen denselben Feind, und wenn es dem Teufel gelingt durch die Aktivität seiner Dämonen den Leib Christi zu spalten, dann weiß er, dass er das Gebet verhindern kann. Ich bin davon überzeugt, dass er das gemeinsame Gebet mehr fürchtet als alles andere, und dass das der Grund ist, warum der Teufel die Einheit so sehr angreift. Er trachtet danach,

---

[36] Ben Patterson paraphrasiert hier Edwards, 'Adventures in Fasting', *Christianity Today*, 2 März 1998
www.christianitytoday.com/ct/1998/march2/8t3048.html

Spaltungen innerhalb jeder gemeinsamen Dynamik zu verursachen, ob es Ehemann und Ehefrau ist oder ein Leitungsteam oder die weitere Gemeinde. Zerbrochene Beziehungen behindern die Wirksamkeit des gemeinsamen Gebets.

In einer Gemeinde, die tendenziell ungelöste Probleme als Normalität hinnimmt und Dinge unter den Teppich kehrt, wird sich diese Tendenz zu einer Kultur entwickeln oder sogar zu einer Festung innerhalb dieser Gemeinde werden. Es wird für das gemeinsame Gebet sehr schwer werden, effektiv zu sein, weil es nur eine scheinbare Einheit gibt.

In Epheser 4, 26 heißt es: „Die Sonne gehe nicht unter über eurem Zorn…"[37] Dieses Prinzip müssen wir beachten. Widmet den Angelegenheiten, die der Einheit eurer Ortsgemeinde schaden, eure Aufmerksamkeit. Lasst den „Zorn" in diesem Fall nicht ungelöst und am Gären. Die Bibel ist ganz klar, dass es zwei Möglichkeiten gibt, damit umzugehen.

---

[37] *Elberfelder Bibel.*

Erstens: man sollte die Gnade anstreben, die Sache allein mit Gott auszumachen.

> *„Klugheit macht den Mann langsam zum Zorn, und es ist ihm eine Ehre, dass er Verfehlung übersehen kann."* [38]
> SPRÜCHE 19, 11

> *„Ein Tor zeigt seinen Zorn alsbald; aber wer Schmähung überhört, der ist klug."* [39]
> SPRÜCHE 12, 16

Zweitens: wenn es klar wird, dass es ein internes Problem gibt, das sich einfach nicht „allein" löst, dann sollte man die biblische Vorgehensweise befolgen und mit der betreffenden Person das Gespräch suchen, wie es in Matthäus 18, 15 beschrieben ist:

> *„Sündigt aber dein Bruder, so geh hin und weise ihn zurecht zwischen dir und ihm allein. Hört er auf dich, so hast du deinen Bruder gewonnen."* [40]

---

[38] *Die Bibel nach Martin Luthers Übersetzung.*
[39] *Die Bibel nach Martin Luthers Übersetzung.*
[40] *Die Bibel nach Martin Luthers Übersetzung.*

Der Grund, warum diese Dinge wichtig sind, ist der, dass der Heilige Geist ungehindert wirken kann, wenn die Herzen mit Gott und untereinander im Reinen sind. Gebetsveranstaltungen können ein Ort sein, wo Sachen ins Reine gebracht werden. Wenn man betet, geschieht es oft, dass sich Vergebung und Einheit einstellen. Kürzlich war ich bei einer Gebetsveranstaltung, bei der zwei Leiter, die über Jahre hinweg unterschiedliche Ansichten bezüglich einer strategischen Sache innehatten, plötzlich fühlten, dass der Heilige Geist auf sie kam und ihre Herzen berührte, so dass sie sich gegenseitig segneten. Sie beteten für einander und jeder setzte den anderen für die Berufung frei, von der dieser glaubte, dass es richtig sei, es zu tun. Als ein Ergebnis davon, dass der Heilige Geist während einer Gebetsveranstaltung wirkte, wurden plötzlich viele Veranstaltungen so umgelenkt, dass solche Versuche unternommen und Dinge geklärt wurden. Die Stimmgabel in Gottes Hand hatte Harmonie hergestellt, wo Disharmonie herrschte. Haltungen sind von Bedeutung, denn wenn sie falsch sind, sind sie wie verstimmte Musik.

In 1. Timotheus 2, 1-3 heißt es:

> „Das Erste und Wichtigste, wozu ich die Gemeinde auffordere, ist das Gebet. Es ist unsere Aufgabe, mit Bitten, Flehen und Danken für alle Menschen einzutreten, insbesondere für die Regierenden und alle, die eine hohe Stellung einnehmen, damit wir ungestört und in Frieden ein Leben führen können, durch das Gott in jeder Hinsicht geehrt wird und das in allen Belangen glaubwürdig ist."[41]

Und in 1. Timotheus 2, 8+9 heißt es:

> „Zurück zum Gebet: Ich möchte – und das gilt für alle Zusammenkünfte der Gemeinde – dass die Männer, wenn sie ihre Hände zu Gott erheben, ein reines Gewissen haben, keinen Groll gegen jemand hegen und untereinander nicht zerstritten sind. Und genauso möchte ich, dass die Frauen sich verantwortungsbewusst und zurückhaltend schmücken und mit ihrer Kleidung keinen Anstoß erregen. Sie sollen nicht durch aufwändige Frisuren, Gold, Perlen oder kostspielige Gewänder auf sich aufmerksam machen, sondern sich dadurch auszeichnen, dass sie Gutes tun; das ist der wahre Schmuck von Frauen, die sich zu Gott bekennen und ihn ehren."[42]

---

[41] *NGÜ.*
[42] *NGÜ.*

Wenn Paulus über entscheidende Werte und Aktivitäten spricht, bei denen sich die Ortsgemeinden engagieren sollen, nennt er in der Hauptsache das gemeinsame Gebet. Das Gebet sollte aber auch in der richtigen Haltung geschehen. Der Zustand unseres Herzens beeinflusst das Ergebnis unsrer Gebete. Paulus weist auch darauf hin, dass die Art und Weise, wie wir uns für Politik und aktuelle Anliegen einsetzen sollen, die ist, dass wir für „alle Menschen" beten, angefangen von den „Regierenden" bis hin zu „allen, die eine hohe Stellung einnehmen". Anstatt zynische, sarkastische und allzu kritische Herzen zu entwickeln wegen all der Dinge, die um uns herum geschehen, sollten wir vielmehr davon überzeugt sein, dass die beste Art und Weise, Dinge zu verändern, das Gebet ist. Und wir sollten keine Zeit, Energie und Worte damit verschwenden, darüber zu klagen, wie schlimm die Dinge sind, sondern stattdessen unsere Fürbitte vor Gott bringen in der Zuversicht, dass ER fähig und willens ist, die Dinge zu verändern. Engagiere dich für Politik im Gebet und nicht durch zynische Satire.

HINGABE UND DISZIPLIN

Musiker lieben Musik. Auch wenn sie ein bestimmtes Lieblingsinstrument haben, ist es doch Mittel zum Zweck. Es ist die Liebe zur Musik, die das Musikinstrument rechtfertigt. In eben derselben Weise lieben wir nicht das gemeinsame Gebet, sondern den HERRN! Unsere Gebete sind ein Mittel, unsere Liebe zu ihm auszudrücken und IHM näher zu kommen. Deshalb geht es bei der Anstrengung, die man um des Gebetes willen auf sich nimmt, eher um die Beziehung als um den Akt an sich. Luciano Pavarotti sagte einmal:

> *„Die Leute denken, ich sei diszipliniert. Es ist nicht Disziplin. Es ist Hingabe. Das ist ein großer Unterschied."* [43]

Wir geben uns dem HERRN hin, nicht dem gemeinsamen Gebet.

Jedes Gebetstreffen sollte und wird sich anders anfühlen. Es ist wie ein Engagement von Musikern (der Gemeinde) und einem Dirigenten (dem Heiligen Geist). Wir sollten uns gut darauf vorbereiten. Ein Orchester spielt nicht gut – auch wenn

---

[43] Luciano Pavarotti, *Pavarotti, My Own Story* (Doubleday, 1981), Seite unbekannt. (eigene Übersetzung).

der Dirigent noch so gut ist – wenn es keine Ordnung gibt und keine Vorbereitung auf das Konzert. Meiner Überzeugung nach brauchen Gebetsveranstaltungen die gründlichste und genauste Planung von allen Gemeindeveranstaltungen, obgleich wir uns jederzeit frei fühlen sollten, unsere Pläne bei Seite zu schieben, um uns einer Führung des Heiligen Geistes unterzuordnen.

Das Ziel des Planens ist nicht, starr an dem Plan festzuhalten, sondern einen Rahmen zu schaffen, in dem es Gott leicht hat durch SEINEN Geist zu wirken, während wir beten. Unsere Pläne beugen sich den SEINEN und lassen Raum, dass sich etwas entwickeln und fließen kann. Wir brauchen Einsicht, was Gott während einer Veranstaltung tut, damit das geschehen kann.

Wenn die Musiker spielen weckt das Emotionen beim Dirigenten, dem Publikum und anderen Musikern. Von allen Beteiligten wird jeder emotional durch die Gefühle eines anderen berührt, die durch die Musik zum Ausdruck kommen. Mit Gebeten ist es nicht sehr viel anders. Ich kann mich an viele Male erinnern, an denen ich sehr tief berührt wurde, wenn ich bei einem Gebetstreffen jemand anderem beim Beten zugehört habe. Es ist dann geradeso, als ob diese Person durch ihr Gebet etwas in meinem Herzen berührt hätte und zum Mitschwingen brachte. Aber das ist noch nicht alles, es wird uns auch gesagt, dass unser Dirigent, der Heilige Geist, ebenfalls durch unsere Gebetstreffen berührt wird. Die Neue Genfer Übersetzung von Römer 8, 26 bringt das perfekt zum Ausdruck:

> *„Und auch der Geist 'Gottes' tritt mit Flehen und Seufzen für uns ein; er bringt das zum Ausdruck, was wir mit unseren Worten nicht sagen können. Auf diese Weise kommt er uns in unsrer Schwachheit zu Hilfe, weil wir ja gar nicht wissen, wie wir beten sollen, um richtig zu beten."* [44]

Sowohl ER als auch wir fühlen die Emotionen.

Ich erinnere mich noch gut an einen Abend vor einigen Jahren, als unsere Ortsgemeinde noch in ihren Kinderschuhen steckte, und sich unsere Jugendgruppe – zu der ich zu der Zeit noch gehörte – privat in einem Terrassenhaus traf. Es waren so viele Leute gekommen, dass sie nicht nur im Wohnzimmer saßen, sondern auch noch im Hinterzimmer und die Treppe

---

[44] *NGÜ.*

hinauf bis zum Absatz. Wir starteten mit einer Zeit des Lobpreises und des Gebets und suchten Gottes Gegenwart und baten ihn, dass ER uns seine Absichten in den kommenden Tagen offenbaren würde. Als ein Lobpreislied zu Ende ging, fingen in einem Raum spontan ein paar Leute an im Geist zu singen, indem sie die Gabe des Sprachengebets praktizierten. Andere im Raum stimmten mit ein und ihre Gebete zu Gott in einer unbekannten Sprache breiteten sich aus. Bald floss eine Welle wie aus zwei Stereolautsprechern zwischen den beiden Räumen hin und her, dann die Treppe hinauf und hinunter, eine Welle nach der anderen von spontanem – und zu der Zeit recht außergewöhnlichem – Sprachengebet schwappte durch das Haus. Ich kam mir vor wie ein Dirigent, der seinen Stab vor einem Chor schwingt. Die Schönheit, Harmonie, Einheit, Kraft und Emotion war etwas, das ich nie vergessen habe. Auf dieses allgemeine Wirken des Heiligen Geistes folgten viele Gebete in Englisch, um das Wirken Gottes. Ich denke, dass sie damit ihr gemeinsames Empfinden zum Ausdruck brachten, was der Heilige Geist angeregt hatte, wofür wir beten sollten. Es war wie eine gemeinsame Interpretation. Gelobt sei Gott!

Ich denke, wir verstehen oft nicht, was nach einem gemeinsamen „Sprachengesang" – wie es auch genannt wird – passiert. Ich bin davon überzeugt, dass Gott – wie in Apostelgeschichte 4 – oft eine Zusammenfassung dessen bringt, wofür gemeinsam gebetet wurde. Mit solchen Momenten, in denen Gott unerwartet kommt, muss man gut umgehen. Solche Momente können nicht geplant werden, aber unsere Pläne müssen sich beugen, wenn Dinge wie diese passieren. Es ist wie ein virtuoses Jazz-Stück vom Himmel, das plötzlich im Mittelpunkt steht.

Einheit bringt das Orchester in Einklang miteinander. Sorgfältiges Planen und Vorbereiten ist der notwendige Part der Musiker. Offenheit für die Leitung des Geistes erlaubt es dem großen Dirigenten uns zu leiten. Wenn das alles im Rahmen eines Gemeindegebets zusammenkommt, dann denke ich, ist das ein wunderbarer Sound und einer, der dem HERRN wohlgefällt.

6
FAMILIE
GEMEINSAMES GEBET ARBEITET MIT DER FAMILIENDYNAMIK

„Deshalb beuge ich meine Knie vor dem Vater, von dem jedes Geschlecht im Himmel und auf Erden seinen Namen hat, dass er euch Kraft gebe nach dem Reichtum seiner Herrlichkeit, gestärkt zu werden durch seinen Geist an dem innwendigen Menschen, dass Christus durch den Glauben in euren Herzen wohne." [45]

EPHESER 3, 14-17

Wenn wir uns zum Gebet treffen, dann ist es gerade so, als würden wir uns mit einem Vater an einem wärmenden Feuer zusammen setzen, einander zuhören, miteinander sprechen und Gemeinschaft haben. In Jesaja 1, 18 heißt es:

„So kommt denn und lasst uns miteinander rechten, spricht der HERR." [46]

---

[45] *Die Bibel nach Martin Luthers Übersetzung.*
[46] *Die Bibel nach Martin Luthers Übersetzung.*

Wenn wir zusammen beten, offenbart uns Gott sein Herz als SEINEN Kindern. Er berät uns in Sachen Familienangelegenheiten, nicht als Diener, die nichts über die Angelegenheiten ihres Herrn wissen – ganz im Gegenteil: Wir sind Miterben mit Christus. Wir sind diejenigen, die ein Anrecht haben auf die biblischen Verheißungen und Anteil haben an SEINER Natur. Durch Christus haben wir die Familienähnlichkeit. Wir beten auf der Grundlage dessen, wer wir sind, aber auch auf der Grundlage dessen, wer wir nicht sind. Möglicherweise beten wir aus dem Bedürfnis heraus, jemand oder etwas sein zu wollen, aber wir sollten auch deshalb beten, weil wir in Christus jetzt jemand sind: Wir sind jetzt Kinder des Königs.

Das kommt daher, dass es bei der Erlösung um eine Beziehung geht. Dadurch, dass wir Christus angenommen haben, ist Gott unser Vater geworden. Wir sind Gottes Kinder, nicht seine Angestellten. Epheser 3, 15 besagt:

> *„…von dem jedes Geschlecht im Himmel und auf Erden seinen Namen hat…"*

Alle Aspekte unseres gemeinsamen Gebetslebens sollten das Aroma dieser Familiendynamik haben, wie es dieses Kapitel versucht darzulegen.

Im Neuen Testament gibt es viele Verse, die uns darin unterweisen, wie wir miteinander umgehen sollen: liebevoll, ermutigend, ermahnend, einander zugetan. Es sollte kein geplantes Gebetstreffen nötig sein, um einen Lebensstil des Gebets mit- und füreinander zu entwickeln. Das „Gebrummel" spontaner Unterhaltungen vor und nach einer Veranstaltung, Gebetsgemeinschaften von zwei oder drei Leuten beim „Kaffeetrinken" nach dem Gottesdienst, das ist eine Kultur, für die man dankbar sein sollte. Die Art und Weise wie wir zusammen beten ist wichtig. Wenn wir Gebet empfangen, dann müssen wir das mit einer offenen inneren Haltung tun, dass wir vom HERRN empfangen. Wenn wir für andere beten, dann dienen wir ihnen, wir drücken ihnen keine Vorstellungen auf und versuchen auch nicht durch Gebetserhörungen Punkte zu sammeln. Lasst uns eine Beziehungskultur anstreben, bei der eine Gemeindefamilie zusammenlebt und es genauso normal findet, zwischendurch füreinander zu beten, wie eine Tasse Kaffee zusammen zu trinken. Wir wollen das Gebet nicht bagatellisieren, sondern es normalisieren.

Sogar während ich dabei war, diese paar Zeilen niederzuschreiben, kamen einige Nachrichten rein, dringende Anliegen, die besorgniserregend waren. Ich hörte auf zu tippen, informierte meine Frau, und wir nahmen uns einige Minuten, um diese Situationen vor den HERRN zu bringen. Es kommt nicht auf die Länge unsrer Gebete an, sondern darauf, dass es in gewisser Weise zu einer instinktiven Haltung wird, für alle Dinge zu beten. Zu wissen, dass wir zu Einem kommen, der mehr tut, als wir bitten oder uns vorstellen können, gibt jeder betenden Seele Auftrieb.

Wenn es um die Hochs und Tiefs des Lebens geht, gibt es in der Bibel spezielle Muster für diese Art der Familiendynamik, aber auch wenn wir besonderen Problemen wie Krankheiten gegenüberstehen oder jemand von Sünde betroffen ist.

In Jakobus 5, 14 heißt es:

> *„Ist jemand von euch krank? Dann bitte er die Ältesten der Gemeinde zu sich, damit sie für ihn beten und ihn im Namen des Herrn mit Öl salben."* [47]

Und in Jakobus 5, 16:

> *„Darum bekennt einander eure Sünden und betet füreinander, damit ihr geheilt werdet. Das Gebet eines Menschen, der sich nach Gottes Willen richtet, ist wirkungsvoll und bringt viel zustande."* [48]

Römer 12, 15 sagt:

> *„Freut euch mit denen, die sich freuen; weint mit denen, die weinen."* [49]

Ich kann mich an viele Gründe in den vergangenen Jahren erinnern, die mein Herz aufgewühlt und mich dazu bewogen haben, Angelegenheiten mit vertrauten Brüdern aus der Gemeinde zu besprechen. Probleme durchzusprechen und dann gemeinsam zu beten ist eine wirkungsvolle Art und Weise, um einen Durchbruch zu erringen. Dinge einzugestehen, transparent zu sein und sich verantwortlich zu

---

[47] *NGÜ.*
[48] *NGÜ.*
[49] *NGÜ.*

zeigen ist befreiend. Es geht dabei nicht immer um offensichtliche Sünden, es können einfach auch Dinge sein wie: Bedenken, Versuchungen oder die Sorge und das Ringen darum, einen Weg zu finden, wie man eine schwierige Situation meistern kann. Ich habe über die Jahre auf diese Weise sowohl Hilfe gesucht als auch Hilfestellung gegeben.

Ich habe gelernt, wie man predigt (mit ein bisschen Schulbuchwissen), indem ich mir gute Predigten angesehen und angehört habe. Ich habe gelernt zu beten, indem ich die Heiligen beim Beten beobachtet und ihnen zugehört habe. Dabei habe ich etwas über einfachen kindlichen Glauben gelernt, der Gott kennt, und SEIN Herz, und weiß, wie man eine Gebetserhörung bekommt. Die beste Art und Weise, eine betende Gemeinde heranzuziehen, ist jede Gelegenheit zu ergreifen, es gemeinsam zu tun.

ÜBER DAS GEBETSTREFFEN HINAUS

Natürlich geht es beim gemeinsamen Gebet nicht nur um Gebetsveranstaltungen der Gemeinde. Es geht dabei auch um Gebet in nahezu jedem Zusammenhang, zusammen mit mindestens einer Person. So gesehen ist es wichtig darauf hinzuweisen, dass auch das Gebet von Ehepaaren, einer Familie oder unter Freunden gemeinsames Gebet ist. Letztendlich geht es einfach darum gemeinsam zu beten.

Die Ehe steht unter anderem im Kontext einer Partnerschaft. Wir machen Dinge zusammen, lernen zusammen, erreichen und überwinden Dinge zusammen, richten ein Zuhause ein, lernen einander in jeder Hinsicht zu lieben: sexuell, emotional, praktisch und geistlich. Dennoch ist es nicht immer der Fall, dass auch das geistliche Leben ohne weiteres zusammen fließt.

Zunächst fand ich es etwas überraschend – aber es ist doch verbreiteter als ich dachte – zu erfahren, dass es Ehepaare gibt, denen es zunächst peinlich war, zusammen die Bibel zu lesen oder zu beten, wenn sie das nicht gewohnt waren. Zusammen zu beten ist wichtig. Die Ehemänner sollten die Leitung, die Initiative und die Verantwortung in dieser Sache übernehmen. Allerdings nicht, weil Ehemänner geistlicher wären oder grundsätzlich alles leiten sollten – weit gefehlt – sondern weil Männer, die zu Hause in geistlichen Angelegenheiten passiv sind, eine geistliche Blockade für die gesunde geistliche Entwicklung eines jeden darstellen, der in ihrem Hause lebt. Auf der anderen Seite ist ein Ehemann oder Vater, der eine aktive Rolle übernimmt, in höchstem Maße freisetzend für jeden in der Familie.

Über die Jahre haben wir herausgefunden, dass es hilfreich sein kann, einen realistischen Rhythmus zu finden. Ein Beispiel: An einem freien Tag lesen Sue und ich, in der Regel am frühen Vormittag, zusammen eine Andacht in Spurgeons „Cheque Book of the Bank of Faith" (= Scheckbuch der Bank des Glaubens) und beten dann zusammen für andere Leute, Anliegen, für uns selbst, für die kommende Woche, danken für die vergangene Woche usw. Das ist nicht übertrieben und dauert nicht sehr lange, aber es ist ein Rhythmus, durch den das Gebet bei uns verankert ist. Wir ergänzen das dann spontan unter der Woche, wenn es zu passen und zu fließen scheint.

Mein Rat an alle Verheirateten ist es, etwas, und sei es auch noch so kurz und simpel, in einem wöchentlichen Rhythmus zusammen zu machen und daran festzuhalten. Regelmäßigkeiten und hilfreiche Gewohnheiten sind nichts Schlechtes. Es bietet sich an, mit einem gemeinsamen Dankgebet vor dem Essen anzufangen. An jedem Neujahrstag machen wir einen Brunch zusammen, danken Gott für das vergangene Jahr und vertrauen uns IHM für das kommende Jahr [neu] an. Einfache „Lebensregeln" zu finden erscheint mir in diesem schnelllebigen Zeitalter mit großer Mobilität von großer Bedeutung.

Etwas an Schwangerschaft und Geburt hat einen reichen Symbolgehalt für das Gebet. Das Bild von Braut und Bräutigam für Christus und SEINE Gemeinde ist stark. Für uns, die wir Jesus nachfolgen, gilt, dass wir schwanger gehen mit SEINEN Verheißungen für seine Gemeinde. Im gemeinsamen Gebet können wir diese Versprechen nähren: wir, seine Gemeinde, gehen schwanger damit, wir lassen ein Kind heranwachsen, das aufgrund einer Verheißung geboren wird.

In Jesaja 66, 7-9 heißt es:

„Ehe sie Wehen hatte, hat sie geboren; ehe Geburtsschmerzen sie ankamen, wurde sie von einem Knaben entbunden. Wer hat so etwas je gehört, wer hat dergleichen je gesehen? Wird ein Land an einem einzigen Tag zur Welt gebracht oder eine Nation mit einem Mal geboren? Denn Zion bekam Wehen und gebar auch schon seine Söhne. Sollte ich zum Durchbruch bringen und dann nicht gebären lassen?, spricht der HERR.

Oder sollte ich gebären lassen und dabei den Schoß verschließen?, spricht dein Gott." [50]

Hier findet man eine reiche Bildsprache, mit Hilfe derer wir die Dinge besser erfassen können, die Gott versprochen hat, und verstehen, dass die „Schwangerschaftsdauer", bis sich Gottes Versprechen erfüllen, eine andere sein kann als wir erwarten. Aber wie es bei einer Schwangerschaft der Fall ist, wird es zur gegebenen Zeit zur Geburt kommen. Gebet hat sehr viel gemeinsam mit Schauen und Warten auf das, von dem wir wissen, dass es zur Geburt kommen wird, weil Gott damit schwanger ist. Es entsteht eine sehr kraftvolle Dynamik, wenn eine Gemeinde diese Dinge ergreift und Gott nicht in Ruhe lässt, bis er SEINE Verheißungen erfüllt.

Jede Gemeinde sollte mit den Verheißungen Gottes schwanger gehen und diese Schwangerschaft im gemeinsamen Gebet zum Ausdruck bringen und nähren, bis das, was versprochen wurde, zur gegebenen Zeit zur Geburt kommt. Eine Schwangerschaft versetzt eine Familie in eine Erwartungshaltung. Es ist eine elektrisierende Zeit der

---

[50] *Elberfelder Bibel.*

Vorfreude. Gebetstreffen sollten voll davon sein, dass wir Gott sowohl die Versprechen vorhalten, die er uns in SEINEM Wort gegeben hat, als auch die Versprechen, die wir glauben prophetisch von IHM bekommen zu haben. Langweilige Pflichterfüllung beschreibt nicht die Erwartungshaltung vor einer Geburt. Wenn Gebetstreffen voll sind von sich wiederholenden Gebeten und eine langweilige Atmosphäre herrscht, dann ist das höchstwahrscheinlich deshalb so, weil man vergessen hat, dass man schwanger ist mit den Verheißungen und Absichten Gottes. Neues Leben wird allerdings nicht geboren, weil wir darauf warten, sondern weil ein Leben im Mutterleib gebildet wird. Warten bringt es nicht ins Entstehen! Wenn wir warten, erwarten und feiern wir im Voraus das, was Gott gemacht und versprochen hat.

BETENDE KINDER HERANZIEHEN

Eltern erziehen ihre Kinder in geistlichen Angelegenheiten. Jedoch können und sollten Kinder lernen, Gemeinde zu sein, und ein Teil davon ist, dass sie lernen zusammen zu beten. Es ist wichtig, die Kinder schon in jungen Jahren zu lehren, wie man betet und Gottes Stimme hört. Man kennt Gott im

Grunde aufgrund von Offenbarung nicht aufgrund von Informationen. Das ist der Grund, warum Alter oder mentale Fähigkeiten letztendlich nicht die entscheidenden Faktoren sind, ob sich jemand auf eine errettende Beziehung zu Gott einlassen kann.

Kinder lernen Verhaltensweisen, Werte und Weltansichten in erster Linie von ihren Eltern. Der Kindergottesdienst oder die Jugendgruppe können jedoch eine entscheidende Rolle für die geistliche Entwicklung eines Kindes oder eines Jugendlichen spielen, weil sie dadurch in die besondere Einflusssphäre der ganzen Familie Gottes kommen. Auch wenn ihre Familien nicht gläubig sind, können sie dennoch in der Gemeinde eine geistliche Familie finden, die helfen kann, sie in geistlicher Hinsicht zu ernähren. Trotzdem liegt die erste Verantwortung für die geistliche Erziehung der Kinder bei den Eltern.

Ich war schwer beeindruckt, wie Jimmi und Emmas Familie das Gebet und besonders auch Danksagung in einer Zeit schwerer Krankheit gepflegt haben. Ich lasse hier Emma erklären, was sie gemacht haben:

„Zuerst kam ich auf die Idee, bei Facebook ein „Gefäß" mit Dankgebeten zu füllen, und beschloss, dass wir es versuchen sollten. Aber bevor ich auch nur das erste Gebet geschrieben hatte, fanden wir heraus, dass Jimmi Krebs hatte. Ich fragte mich, ob wir es trotzdem tun sollten. Wir entschieden uns dafür und in gewisser Weise verwandelte sich die Idee: Wir stellten nicht nur einfach gute Dinge ein, die während der Woche passierten, , sondern auch Meilensteine von Jims Behandlung.

Ich sorgte dafür, dass ich immer nur ein kleines Stück Papier zur Hand nahm und schrieb gewöhnlich zwei bis drei Dinge auf. Ich versuchte über ganz normale Dinge zu schreiben, wie dass Noah in der Schule eine Gold Card oder einen Preis bei einem Lesewettbewerb erhalten hatte, über Jacks andersartige Erfolge während des Jahres und auch immer über das, was es an Positivem über Jims Entwicklung zu berichten gab.

Meine Lieblingstage waren die, an denen wir als Familie raus oder für kurze Zeit weg gehen konnten. Diese bedeuteten mir umso mehr, weil Jim die meiste Zeit über viel zu krank war, um mit uns zusammen zu sein. Als wir die Dankgebete Anfang 2018 vorlesen wollten, waren alle wirklich aufgeregt. Da ich diejenige war, die alles aufgeschrieben hatte, wussten die Jungs gar nicht, was sie gesagt hatten. Als ich vor der Verlesung nachschaute, stellte ich fest, dass einige Wochen fehlten. Deshalb haben die Jungs dann selbst ein paar Erinnerungen an das Jahr niedergeschrieben, was sehr schön war. Wir wechselten uns beim Vorlesen ab und es war fantastisch zu realisieren, wie viele Dinge wir hatten machen können trotz allem, was wir durchgemacht hatten, und dass wir es mit einer positiven

Haltung durch das Jahr geschafft hatten. Wenn die Zeiten hart sind, kann man manchmal den Mut verlieren, aber ich weiß, dass Gott den ganzen Weg über bei uns war, und es hat mir geholfen, alle Erlebnisse wöchentlich aufzuschreiben, um das zu bekräftigen. Dieses Jahr füllen wir das Gefäß neu, aber mit einer ganz anderen Geschichte."

In Josua 4, 6 heißt es:

„… damit dies ein Zeichen in eurer Mitte sei! Wenn eure Kinder künftig fragen: Was bedeuten euch diese Steine?" [51]

Nachdem Josua und Israel den Jordan durchquert hatten, sammelten sie Steine zu einem Haufen, der den kommenden Generationen als Ansporn dienen sollte, sich an die Güte und Treue Gottes zu erinnern und sich auf sie zu verlassen. Emmas „Gefäß" der Dankbarkeit ist ein moderner „Steinhaufen". Schlussendlich muss der Steinhaufen weithin sichtbar gewesen sein. Mit Dankbarkeit verhält es sich so: Je mehr wir sie praktizieren, desto mehr sehen wir sie.

Es gibt keine Garantie dafür, dass unsere Kinder, einfach weil wir das Richtige tun, zum HERRN kommen. Es ist aber sicherlich der Fall, dass wenn wir sie gut unterweisen und

---

[51] *Elberfelder Bibel.*

unseren Glauben gut ausleben, sie einen tiefen Respekt für diesen Glauben entwickeln werden, und wir vertrauen, dass das Wirken des Heiligen Geistes dann guten Boden vorfinden wird, so dass das Evangelium auch in ihren Herzen Wurzel schlagen kann. Es ist tragisch, wenn wegen schlechter elterliche Fürsorge auf geistlichem Gebiet das Herz eines Kindes zu einem steinigen oder zu einem von Unkraut überwucherten Boden wird, so dass es für das Evangelium schwieriger wird, Einfluss zu bekommen. Warum sollte man es schwerer machen als es nötig ist?

Gewohnheiten wie jeden Sonntag zur Kirche zu gehen, vermitteln Engagement und Hingabe an den HERRN. Das Gebet vor dem Essen zeigt, dass Gott von zentraler Bedeutung für das Familienleben ist. Gemeinsames Gebet und Bibellesen und das Sprechen über geistliche Dinge vermitteln, dass egal was auch immer sonst noch los war am Tag, unsere Grundlage das Wort Gottes ist.

Ich pflegte meinem Sohn Sam eine Kinderversion der Biographien von christlichen Männern und Frauen vorzulesen, die Großes für Gott getan haben. Wir haben uns auch einige Fernsehsendungen angeschaut und wenn der

Inhalt etwas mit einer moralischen oder geistlichen Sache zu tun hatte, die man durchsprechen konnte, egal ob gut oder schlecht, dann haben wir das getan und eventuell vor dem zu Bett gehen gebetet. Anbetung und Musik waren Teil unseres Lebens. Aber bitte habt jetzt nicht die falsche Vorstellung, dass unser Familienleben eine einzige lange Lobpreis- oder Gebetszeit gewesen wäre. Es gab mehr Fußball im Garten als Gebet... Aber das Gebet war bei uns mit dem normalen Leben verwoben.

Wir sollten Kinder auch nicht von Gebetstreffen der Gemeinde ausschließen. Im Gegenteil: es hat mich überrascht, dass gerade die engagierte Teilnahme der Kinder und Jugendlichen beim Gebet ein charakteristisches Merkmal für eine neue Bewegung des Heiligen Geistes hier im Westen ist. Wenn Kinder und Jugendliche bei Gebetstreffen dabei sind, ist viel Kreativität gefragt, um unterschiedliche Arten des Betens zu finden und zum Ausdruck zu bringen. Interessanterweise machen das Erwachsene auch sehr gerne.

Um die Wahrheit zu sagen: Kinder können Erwachsene viel über Gebet lehren. Jesus illustrierte wahren Glauben, indem er ihn mit dem einfachen Vertrauen eines Kindes verglich.

Kindlicher Glaube ist etwas Kostbares. Wir müssen aufpassen, dass wir diese Einfachheit nicht verlieren und es zulassen, dass Zynismus, Enttäuschung oder Kompliziertheit das schlichte Vertrauen in Gott zerstören. Die Kinder lehren uns, dass echtes gemeinsames Gebet nicht kompliziert oder lang sein muss. Gemeinschaft mit Gott ist nicht zeitabhängig, es geht einfach darum, dass wir lernen, wann wir Gemeinschaft mit ihm *hatten*, zusammen mit ihm *waren* und, wann ER sagt, dass wir mit diesem Teil des Tages fertig sind und weitermachen können. Kinder scheinen mühelos vom Gebet zum Spiel zu wechseln und wieder zurück, während Erwachsene oft den Anschein erwecken, dass sie dafür sorgen müssen, dass es sich religiös anfühlt, damit es echt ist.

Ich lasse hier mal Jodi erzählen, wie sie bei uns in der Gemeinde in Lowestoft Kindern geholfen hat, sich am gemeinsamen Gebet zu beteiligen.

> *„Ich habe herausgefunden, dass seit ich persönlich mehr Zeit im Gebet verbringe und mein Vertrauen gewachsen ist, es leichter fand herauszutreten und die Kinder und Jugendlichen auf diesem Gebiet anzuleiten Und ich habe auch festgestellt, dass ich sie nicht groß ziehen muss, sondern dass sie gerne folgen.*

Wichtig ist, wenn man mit Kindern oder Jugendlichen betet – sowohl in einer Schul- als auch in einer Gemeindesituation – ihre Perspektive ihrer „Probleme" im Auge zu behalten. Als Erwachsene können wir die Tendenz haben, die Gebetsanliegen unsrer Kinder und Jugendlichen als trivial anzusehen. Wir betrachten die Dinge aus unsrer „erwachsenen" Perspektive und mit unseren Augen und vergessen dabei, dass sie für Gott genauso wichtig sind wie unsere Anliegen.

In unserer Kindergottesdienstgruppe der 7-9 Jährigen hatten wir eine Gebetssession für unsere „Goliaths", also die Dinge in unserem Leben, die unüberwindbar scheinen. Die Gebetszeit war großartig und es gab noch eine Steigerung, die darin bestand, dass viele Kinder der Aufforderung nachkamen, ihre „Goliaths" aufzuschreiben und sie in den Klebeband-Umriss eines Riesen zu legen, den wir auf den Boden geklebt hatten.

Nach ein paar Minuten, in denen die Kinder ihre Gebetsanliegen auf einen Zettel gekritzelt und hingelegt hatten, standen wir um unseren Riesen herum und beteten gemeinsam, und ich begann im Stillen alles zu lesen, was sie geschrieben hatten. Ich war frustriert über die Trivialität all dessen, was sie aufgeschrieben hatten. Aber es dauerte nur wenige Minuten bis mich der Heilige Geist meiner Gedankenmuster überführte: „Wer bist du, dass du sagen kannst, sie seien trivial? Sage ich das auch über deine Gebetsanliegen?" Hin und wieder lernt man eine wichtige Lektion. Was für mich wie ein „David" erscheint, mag für einen anderen ein „Goliath" sein und umgekehrt.

Der Weg meiner persönlichen individuellen Entwicklung, auf dem ich immer mehr gelernt habe, wer ich bin, und wie Gott mich sieht, hat mir geholfen, meinen Blick radikal zu verlagern von dem, was die Leute „sagen, was geht", auf das, was ER „sagt, was geht", und das ist sehr befreiend. Die Erkenntnis, dass ich so beten kann wie ich ticke (für mich bedeutet das, Gebete, aufzuschreiben), gibt mir auch die Freiheit und Zuversicht , andere in diese Richtung zu führen. Ich habe festgestellt, dass Kinder und Jugendliche dafür brennen zu beten, wenn sie realisieren, wer sie in IHM sind, und dass sie dafür geschaffen sind, es zu tun. Manche mögen es zu schreiben, andere zu tanzen oder zu zeichnen, wieder andere modellieren mit Playdoh, manche spielen Instrumente, andere sprechen, manche schreien, andere singen – wenn diese Dinge uns helfen, mit Gott zu kommunizieren, dann sind das Gebetssprachen, und sie sind zulässig und können (und ich wage zu sagen: sollten) ihren Platz in unserem Gemeindeleben haben.

Die Erfahrung unsrer Enough-Gebetsabende ist, dass unsere Kinder und Jugendlichen einbezogen werden wollen. Sie brennen dafür, für ihre Freunde und unsere Gesellschaft zu beten. Sie möchten nicht als eine vom Rest der Gemeinde abgesonderte Gruppe angesehen werden. Es ist ein Mythos, dass sich Kinder und Jugendliche nicht mit älteren Generationen mischen wollen. Sie lieben ihre Gemeindefamilie und es entsteht leicht eine Brücke zwischen den Generationen, wenn wir einfach zusammen als Familie „Gemeinde machen", indem wir unsere Kinder und Jugendlichen dazu ermutigen, Worte weiterzugeben und in unseren Veranstaltungen zu beten. Wenn wir sie im

Gottesdienst von vorne direkt ansprechen, sie dazu auffordern für uns etwas vorzulesen und sie darum bitten einen Teil des Gebets zu leiten.

Die Enough-Treffen, bei denen unsere Kinder und Jugendlichen mit einbezogen wurden, indem sie einen Teil leiteten, waren meine Favoriten. Der Glaube bekommt neuen Brennstoff, wenn die erwachsene Gemeinde erlebt, dass die jungen Leute begeistert sind von dem, woran sie glauben und von dem, für den sie beten."

Ich möchte dazu ermutigen geistliche Väter und Mütter heranzuziehen. Wir alle brauchen sie. Selbst wenn man sich selbst als geistliche Mutter oder Vater für andere betrachtet, sollte man daran denken, dass selbst Väter einen Vater brauchen und Mütter eine Mutter. Ich nehme mir bewusst Zeit, meine Väter im Glauben zu besuchen und übernachte sogar bei ihnen, damit wir uns genug Zeit nehmen können zum Beten.

Ich hatte das Glück zu erleben, dass eine ganze Reihe jüngerer Männer in meinem Umfeld in fruchtbare Berufungen hineinkamen. Ich bin von treuen Freunden umgeben, Mitarbeitern am Werk Gottes. Es macht mir große Freude, einen Gebetsspaziergang mit einem Team-Mitglied oder einem jüngeren Bruder abzumachen. Wir treffen uns zu

Frühstück und Austausch. Ich kenne da einen sehr schönen Weg am Fluss entlang zu einer alten Kirche, unweit von meiner Heimatstadt. Auf dem Weg zur Kirche hat man Zeit festzustellen, wofür es Gebet braucht. Auf dem Weg zurück betet man.

Kreative Wege des Gebets mit Ehepaaren, mit älteren und jüngeren Leuten sollten für jeden Leiter eine hohe Priorität haben. Ein Spaziergang und ein Gebet sind oft fruchtbarer als in einem Büro zu sitzen und zu diskutieren. Allzu leicht lassen wir uns von dringenden Angelegenheiten zu einer Diskussion verleiten anstatt zu beten. Um dem zu widerstehen und eine Priorität auf das Gebet zu legen, braucht es Mut, Leitung und ein Bewusstsein, wie mächtig das Gebet ist. Die Zeit, die wir in das gemeinsame Gebet investieren, ist nicht verloren.

Zusammen zu beten braucht etwas Planung und bedeutet einen Aufwand, aber das hat nicht zum Ziel, es zu einem Programm des Gemeindelebens zu machen. Wenn wir alles zu einem Programm machen, oder zu einem Fachbereich, dann machen wir es zu einer Sache für Spezialisten, aber Gebet ist etwas für alle. Wenn wir Gebet zum Programm machen, dann werden wir Überlegungen anstellen in Bezug auf Leistung,

Ertrag, Effektivität und wir fangen an zu messen und zu quantifizieren. Wir sind die Familie Gottes und auch wenn wir im Gebet wichtige Aufgaben zu erfüllen haben, dürfen wir nie vergessen, dass wir als Familie kommen, und wir sollten uns wie eine Familie vor und mit unserem liebenden himmlischen Vater benehmen.

7
RÄUMUNGSBEFEHL
GEMEINSAMES GEBET IST, WIE WENN MAN DEM TEUFEL EINEN RÄUMUNGSBEFEHL ERTEILT.

„Ein Dieb kommt nur, um zu stehlen, zu schlachten und umzubringen. Ich bin gekommen, damit sie das Leben haben und volle Genüge." [52]

JOHANNES 10, 10

Stell Dir vor, ein Dieb wäre in dein Haus eingebrochen und würde jetzt Hausbesitzer-Rechte fordern. Der Eindringling bedient sich der Sachen in deinem Kühlschrank und sitzt nun auf deinem Sofa, die Füße auf dem Tisch und trinkt deinen besten Wein. Er zappt sich durch die Kanäle deines Fernsehers und wirft den Müll auf den Boden. Er benimmt sich nicht

---

[52] *Die Bibel nach Martin Luthers Übersetzung.*

bloß so, als ob ihm der Platz gehört, sondern als ob der Platz niemandem gehört. Welche Anmaßung!

Wären wir der Geschädigte, wären wir zu Recht empört. Wir würden umgehend dafür sorgen, dass eine solche Person einen rechtsgültigen Räumungsbefehl erhält, um sie von dem Ort zu entfernen, an dem sie nichts zu suchen hat. Wir würden versuchen, sie davon abzubringen, sich in einer Art und Weise zu benehmen, zu der sie kein Recht hat und Dinge zu benutzen, die sie nicht benutzen darf.

Eine solche Dynamik existiert in der Welt, in der wir leben. Die Bibel sagt in Psalm 24, 1:

„Die Erde und alles, was darauf lebt, gehört dem Herrn, ..." [53]

Dieses fundamentale Prinzip wird auch im Neuen Testament in 1. Korinther 10, 26 wiederholt. Die Bibel stellt aber auch fest, dass etwas gestohlen, dass etwas vom Feind (dem Teufel und seinen Gewalten des Bösen) weggenommen wurde. Es ist geradeso, als ob die Erde das Haus des Herrn wäre, in das

---

[53] NGÜ.

eingebrochen wurde, und der Teufel forderte jetzt Hausbesitzer-Rechte.

In 1. Johannes 5, 19 heißt es:

„… wissen aber auch, dass sich die ganze Welt in der Gewalt des Bösen befindet." [54]

Und in 2. Timotheus 2, 26 heißt es:

„… und zur Besinnung kommen. 'Dann können sie sich' aus der Schlinge 'befreien', in der sie der Teufel gefangen hält, um ihnen seinen Willen aufzuzwingen." [55]

Und in 2. Korinther 4, 4 steht:

„… den Ungläubigen, denen der Gott dieser Welt den Sinn verblendet hat, dass sie nicht sehen das helle Licht des Evangeliums von der Herrlichkeit Christi, welcher ist das Ebenbild Gottes." [56]

Alle diese oben angeführten Verse verwenden verschiedene Bilder, die einem die Vorstellung von Diebstahl vermitteln, von Zerstörung, verderblicher Täuschung der Menschen und

---

[54] *NGÜ.*
[55] *NGÜ.*
[56] *Die Bibel nach Martin Luthers Übersetzung.*

Missbrauch der Dinge, die dem HERRN gehören. Es ist, als ob der Teufel eine Residenz an Orten aufgeschlagen hätte, und unter Menschen, die rechtmäßig nicht zu einem Gebiet gehören, über den er in irgendeiner Form Herrschaftsgewalt ausüben sollte. Von der Schrift her gibt es keinen Zweifel daran, dass der Teufel erhebliche Kontrolle über diese Welt und die Menschen in ihr ausübt.

In Epheser 2, 2 heißt es:

„Ihr hattet euch nach den Maßstäben dieser Welt gerichtet und wart dem gefolgt, der über die Mächte der unsichtbaren Welt zwischen Himmel und Erde herrscht, jenem Geist, der bis heute in denen am Werk ist, die nicht bereit sind, Gott zu gehorchen." [57]

Wir sollten wirklich wütend sein über diesen Hausbesetzer, der in böser Absicht zusammen mit seinem Haufen seine Residenz im Eigentum des HERRN aufgeschlagen hat. Diese Wut sollte uns dazu veranlassen etwas zu tun.

Das Gebet beteiligt sich an dem Prozess das zurückzugewinnen und zurückzufordern, was rechtmäßig

---

[57] *NGÜ.*

IHM gehört. Gemeinsames Gebet ist, wie wenn man einen rechtlich durchsetzbaren „Räumungs- oder Ausweisungsbescheid" erteilt. Die Bibel ist ein autoritatives Dokument und von rechtlicher Bedeutung in solchen Angelegenheiten. Wann immer im Gebet eine von Gottes Verheißungen oder Prinzipien zitiert wird, ist es, als würde eine gewichtige Räumungsklage zugestellt werden.

Wenn jemand zu einem besetzen Haus kommt, dann ist es nicht die Gewalt der Stimme dieser Person, ihre Persönlichkeit oder körperliche Stärke, der letztendlich Folge geleistet wird; vielmehr ist es so, dass ein rechtsgültiger, wenn auch vielleicht nervös und kleinlaut zugestellter Räumungsbefehl ergangen ist. Niemand und nichts kann sich letztendlich gegen einen solchen rechtsgültigen Befehl stellen. Warum? Weil eine höhere Autorität hinter dem Räumungsbefehl steht, so dass die Eindringlinge gehen müssen. Es steht geschrieben!

Wenn wir Gott SEINE Verheißungen vorhalten, dann stellen wir den Mächten des Bösen, von denen unsere Umgebung heimgesucht wird, einen Räumungsbescheid zu. Wir erteilen ihnen den Marschbefehl.

SEI NICHT HÖFLICH, BETE!

Ich kann mich an Momente erinnern, in denen Gebete von höflichen, sorgfältig formulierten Wünschen, kunstvoll ausgearbeitet vor einem heiligen Gott, kippten in unverblümte, fast unhöfliche Forderungen. In einem solchen Moment muss man sich fragen, ob der Bittende in sündhafte Respektlosigkeit verfallen ist oder ob etwas Tieferes und Heiligeres im Gange ist. Ich bin davon überzeugt, dass Letzteres der Fall ist. Bei manch einer Gelegenheit, wenn wir zusammen gebetet haben, hat die Natur und der Ernst der Sache meine Frau dazu bewogen, nicht nur direkter und eindringlicher für das vorliegende Anliegen zu beten, sie hat auch mit dem Zeigefinger auf die Handfläche der anderen Hand getippt, um die Ernsthaftigkeit ihres Anliegens zu betonen. Das, glaube ich, ist ein Beispiel für etwas, auf das sich die Bibel bezieht, wenn sie von aufdringlichem Bitten spricht. Soweit ich mich erinnere wurden die Gebete in solchen Fällen immer erhört. Aufdringlichkeit ist das beharrliche und hartnäckige Bitten, das sich weigert zurückgewiesen zu werden.

Jesus schien ein solches Bitten zu ermutigen. Er erzählte die Geschichte von dem Richter und der Witwe, die sich weigerte, zurückgewiesen zu werden. Er lobte die kanaanäische Frau, die, als er sie zu ignorieren schien, zurückspottete, dass sogar die Hunde Krumen vom Tisch bekommen. Sind unsere Gebetsveranstaltungen manchmal vielleicht einfach zu artig? Vielleicht braucht es zuweilen einfach solche Momente des „Finger-Tippens", Momente des nachdrücklichen Bittens.

Johannes Chrysostomos drückt es folgendermaßen aus:

„Bei den Menschen gilt aufdringliches Bitten, Begehren und Anklopfen als unanständig, lästig und widerlich, aber bei Gott ist es anstößig, nicht begierig zu bitten." [58]

Aufdringlichkeit bedeutet nicht Respektlosigkeit, eher im Gegenteil. Gerade weil der Bittende weiß, dass derjenige, den er bittet, die Macht hat, und er ihn dafür respektiert, wer er ist, und was ihm möglich ist, entsteht Beharrlichkeit. Gott sucht nicht Höflichkeit, er sucht Glauben. Glauben daran,

---

[58] Chrysostomos in FD Bruner, *The Christ Book. Matthew 1-12* (Wm B Eerdmans Publishing Co, 2004), S. 344.

wer ER ist, an das, was nur ER tun kann und an das, was er versprochen hat.

Manche sind fälschlicherweise der Überzeugung, dass Leidenschaft, Lautstärke und eine Atmosphäre von kriegerischem Eifer Voraussetzungen sind für ein wirkungsvolles Gebet. Das stimmt nicht. Eifer, Leidenschaft und selbst Lautstärke drücken einfach unsere Emotionen bezüglich der Dinge aus, für die wir beten, aber sie sind nicht entscheidend für das Gebet. Ein gewisser Ernst in unsrer Tonlage, Stimme und Körperhaltung entspricht gewissermaßen der Ernsthaftigkeit der Sache, für die wir beten.

Oder wie Spurgeon es ausdrückt:

„Eher würde ich die Gefahren eines Tornados der religiösen Begeisterung riskieren, als zuzusehen, wie die Luft durch toten Formalismus anfängt, stickig zu werden." [59]

---

[59] CH Spurgeon, *Autobiographie* (Banner of Truth, 1962), in Terry Virgo, *The Spirit-Filled Church* (Monarch Books, 2011) S. 69. (Übersetzung aus: Terry Virgo, Geisterfüllte Gemeinde, 2013, S. 70)

Im Grunde genommen ist es einfach die Autorität der Schrift, das Gewicht und der Inhalt dieses Dokuments an sich, das die nötigen Veränderungen herbeiführt. Gottes Wort kann letztendlich nicht widerstanden werden. Dieses Bewusstsein, während wir es im Gebet aussprechen und proklamieren - besonders in großen Gruppen – hat eine gewaltige Wirkungskraft.

DER EIGENTÜMER MÖCHTE SEIN „ZEUG" ZURÜCK

Zunächst ist zu sagen, dass der Eigentümer sein „Zeug" zurück haben möchte. In 1. Johannes 3, 8 heißt es:

„Doch gerade deshalb ist der Sohn Gottes erschienen: 'Er ist gekommen', um das, was der Teufel tut, zu zerstören." [60]

Jesus ist kompromisslos in Bezug auf die Einflussnahme des Bösen. Er möchte das, was ihm gehört, zurück unter seinen Einflussbereich und unter seine Herrschaft. Es gehört IHM. Wenn wir beten, dann tun wir uns mit Christus zusammen, wegen der Dinge, über die wir einig geworden sind. Das ist

---

[60] *NGÜ*.

der Grund, warum das Beten „im Namen Jesu" so wesentlich ist. Es erklärt, in wessen Namen wir die Bitte vortragen; aber es dient auch dazu, SEINEN Willen in dieser Situation kundzutun, indem wir vermitteln, dass wir nicht für Dinge beten, mit denen ER nicht übereinstimmt. In Hebräer 5, 7 steht:

> *„Als Christus hier auf der Erde war – ein Mensch von Fleisch und Blut –, hat er mit lautem Schreien und unter Tränen gebetet und zu dem gefleht, der ihn aus der Gewalt des Todes befreien konnte, und weil er sich seinem Willen in Ehrfurcht unterstellte, wurde sein Gebet erhört."* [61]

Jesus sehnt sich danach, dass Sünde und Tod besiegt werden. Er sehnt sich danach, dass Menschen, die in der Verblendung gefangen sind, die die Sünde mit sich bringt, realisieren, dass sie einen Retter brauchen. Er sehnt sich danach, dass es auf der Erde eine geistliche Erneuerung gibt und soziale Gerechtigkeit herrscht wie im Himmel. Das ist IHM wichtig. Egal wie leidenschaftlich wir für eine Sache brennen, Jesus ist in seinem Innersten weitaus mehr bewegt. Es gibt Momente,

---

[61] *NGÜ.*

da mögen die Betenden, während sie beten, etwas von dem empfinden, was Jesus empfindet.

Ich lebe ziemlich nahe am Strand und gelegentlich gehe ich am Strand spazieren und bete. Diese einsame Gegend bietet sich an, dass ich mich frei fühle, einige Gebetsanliegen mit Gefühl zum Ausdruck zu bringen. In meinem Leben als Christ gab es verschiedene Gelegenheiten, bei denen mich ein Schluchzen überkam, begleitet von starken, nahezu überwältigenden körperlichen Krämpfen, und von Zeit zu Zeit war ich erschüttert. Ich kam mir fast so vor, als ob ich mich selbst beobachtete und nicht meine eigenen Gefühle wahrnahm, sondern die eines anderen. Ich habe festgestellt, dass zuweilen der Heilige Geist mit der offensichtlichen Gegenwart Gottes über mich kam und mir durch sein eigenes Stöhnen und Seufzen mit unaussprechlichen Worten einige der Herzenswünsche Christi mitteilte.

In Römer 8, 26 heißt es:

„Und auch der Geist 'Gottes' tritt mit Flehen und Seufzen für uns ein; er bringt das zum Ausdruck, was wir mit unseren Worten nicht sagen können. Auf diese Weise kommt er uns in

unsrer Schwachheit zu Hilfe, weil wir ja gar nicht wissen, wie wir beten sollen, um richtig zu beten." [62]

Oft lassen wir es dabei, so etwas als eine persönliche Erfahrung zu vermerken. Da dieses Buch aber das gemeinsame Gebet zum Thema hat, möchte ich gerne darauf hinweisen, dass gerade dieser Vers in einem gemeinschaftlichen Kontext steht: „Weil wir gar nicht wissen, wie wir beten sollen." Wie wäre es, wenn uns als Gemeinde beim Beten Wellen von Sehnsucht, Wehklagen und Fürbitte ergreifen würden? Ich würde behaupten, dass Emotionen auslösende Wellen des Heiligen Geistes, die das Herz Gottes zum Ausdruck bringen, auf einer großangelegten Gebetsversammlung ruhen und die ganze Atmosphäre durchdringen können und auch sollen.

DER PROZESS DES SIEGENS

Wenn wir beten „Dein Reich komme", dann richten wir unsere Bitten nach dem Willen und rechtmäßigen Anspruch Christi in dieser Sache aus, so dass sie sein Königreich widerspiegeln und nicht das des Teufels und seiner

---

[62] *NGÜ.*

zerstörerischen finsteren Aktivität. In 1. Korinther 15, 25 heißt es:

> „Denn Christus muss so lange herrschen, bis 'Gott ihm alle seine Feinde unter die Füße gelegt hat'"[63]

Das kann, auf den ersten Blick, ein verwirrender Vers sein, besonders wenn man ihn mit anderen Versen vergleicht wie Hebräer 10, 12:

> „Christus dagegen hat sich, nachdem er ein einziges Opfer für die Sünden dargebracht hat, für immer auf den Ehrenplatz an Gottes rechter Seite gesetzt."[64]

Und Kolosser 2, 15:

> „Und die 'gottfeindlichen' Mächte und Gewalten hat er entwaffnet und 'ihre Ohnmacht' vor aller Welt zur Schau gestellt; durch Christus hat er einen triumphalen Sieg über sie errungen."[65]

Solche Verse scheinen auszudrücken, dass die Arbeit getan und der Sieg errungen ist und es nichts weiter zu tun gibt.

---

[63] *NGÜ.*
[64] *NGÜ.*
[65] *NGÜ.*

Aber lasst uns noch einmal unser Bild von einem Haus benutzen, das von einem Eindringling oder Hausbesetzer in Besitz genommen wurde. Das Haus gehört jemand anderem. Das ist klar und steht außer Frage. Jedoch die Vertreibung und die Beseitigung der Spuren der Eindringlinge ist ein Prozess. Sie wird nicht durchgesetzt, um das Eigentumsrecht herzustellen, sondern aufgrund von Eigentumsrecht. Jesus herrscht über alle Dinge – sie sind SEIN Erbe. Er hat den Teufel und seine Dämonen besiegt. Und weil diese Dinge wahr sind, können wir beten und das Evangelium verkünden – voller Zuversicht, dass es wirkungsvoll sein wird.

Gemeinsames Gebet ist Partnerschaft mit Christus und wir leiten dadurch die Vollendung seines rechtmäßigen Herrschaftsanspruchs über die Erde ein. Wenn wir für Leute beten, dass sie zu Jesus kommen, also dass die Errettung zu einem Individuum durchdringen soll, dann stimmen wir mit Christus darin überein, dass seine Herrschaft über dieses Individuum in die Praxis umgesetzt werden soll. Gemeinsames Gebet mit glaubensvoller Verkündigung des Evangeliums ist der Weg, auf dem das Erbe Christi gesammelt und die Herrschaft Christi aufgerichtet wird.

Einer der Hindernisse, das Engagement für das gemeinsame Gebet über lange Zeit aufrecht zu erhalten, besteht darin, dass man nicht sofort eine Veränderung sieht, nachdem man gebetet hat. Tatsächlich werden die Dinge oft sogar noch schlechter. Unsere Erwartungen stimmen oft nicht mit dem überein, was sich zu ereignen scheint. Es ist sehr wichtig, die unsichtbaren, aber nichtsdestoweniger trotzdem sehr realen Aktivitäten in der unsichtbaren Himmelswelt zu verstehen, die ständig um uns herum geschehen. In Daniel 10, 10-14 heißt es:

„Und siehe, eine Hand rührte mich an und half mir auf die Knie und auf die Hände, und er sprach zu mir: Daniel, du von Gott Geliebter, merk auf die Worte, die ich mit dir rede, und richte dich auf; denn ich bin jetzt zu dir gesandt. Und als er dies mit mir redete, richtete ich mich zitternd auf. Und er sprach zu mir: Fürchte dich nicht, Daniel; denn von dem ersten Tage an, als du von Herzen begehrtest zu verstehen und anfingst, dich zu demütigen vor deinem Gott, wurden deine Worte erhört, und ich wollte kommen, um deiner Worte willen. Aber der Engelfürst des Königreichs Persien hat mir einundzwanzig Tage widerstanden; und siehe, Michael, einer der ersten unter den Engelfürsten, kam mir zu Hilfe, und ihm überlies ich den Kampf mit dem Engelfürsten des Königreichs Persien. Nun aber komme ich, um dir Bericht zu geben, wie es deinem Volk

gehen wird am Ende der Tage; denn das Gesicht gilt erst ferner Zeit." [66]

Diese Verse zeigen, dass vom ersten Tag des Gebets an etwas in der Himmelswelt freigesetzt wurde und eine Antwort auf das Gebet unterwegs war. Die Verse zeigen auch, dass es einen Widerstand von erheblichem Ausmaß gab, der sich gegen das erhob, wofür gebetet wurde. Das führte zu einem unsichtbaren Kampf und einer Auseinandersetzung. Daniel war sich dessen überhaupt nicht bewusst. Alles was er wusste war, dass er treu gebetet hatte, und er hat sich vielleicht gefragt: „Warum passiert denn nichts?"

Wir wissen oft überhaupt nicht, was um uns herum geschieht. Das wichtigste, was man wissen sollte ist, dass sich Dranbleiben wirklich auszahlt, und dass das Ausbleiben einer sofortigen sichtbaren Veränderung bedeuten kann, dass gewaltige Kämpfe stattfinden und Land eingenommen wird. Je größer das Gebetsanliegen und je stärker eine Situation vom Bösen betroffen ist, für die wir beten, desto größer ist eventuell der Kampf, der sich in der Himmelswelt abspielt.

---

[66] *Die Bibel nach Martin Luthers Übersetzung.*

Wir müssen uns darüber im Klaren sein, dass, wenn wir in großen Gruppen für geistliche Erneuerung und Erweckung beten oder Schritte in Richtung Gemeindegründung an Orten unternehmen, an denen es sehr wenige Gemeinden gibt, wir ein Gebiet betreten, in dem Fürstentümer – oft seit Generationen – Einfluss haben. Sie werden nicht einfach einen Räumungsbefehl entgegennehmen, ohne ihn in Frage zu stellen. Sie haben dort oft schon so lange gelebt, dass sie sich zu Hause fühlen, und sind der Überzeugung, dass dieses Gebiet zu Recht ihnen gehört.

Ob wir unsere Gebete als kraftvoll empfinden oder nicht, ist ziemlich unerheblich. Wir müssen im Glauben beten, indem wir den Verheißungen Gottes Vertrauen schenken und indem wir daran glauben, dass Gott derjenige ist, der ER sagt, dass ER ist, und das getan hat, was ER sagt, dass ER es getan hat. Aber unsere Wirksamkeit beim gemeinsamen Gebet hängt nicht von unsrer eigenen Sprachgewalt ab oder von irgendeiner inneren Autorität, die wir natürlicherweise in uns hätten, oder von unsrer Gemeinde. Vielmehr ist es so, dass unsere Wirksamkeit beim gemeinsamen Gebet daher rührt, dass der Heilige Geist unseren – zuweilen nur „Senfkorngroßen-Glauben" – und unsere manchmal stockenden Worte nimmt und ihnen Fruchtbarkeit einhaucht.

Lasst uns ein weiteres Beispiel nehmen, diesmal aus der Apostelgeschichte, als die Leute über das Wunder der Heilung eines Gelähmten erstaunt waren. In Apostelgeschichte 3, 12 heißt es:

> *„Da nahm Petrus die Gelegenheit wahr, wandte sich an die Menge und sagte: »Ihr Leute von Israel, warum seid ihr so überrascht, dass dieser Mann auf einmal gehen kann? Warum staunt ihr uns an, als hätten wir das mit unserer Kraft und unserer Frömmigkeit zustande gebracht?«"* [67]

Ein außergewöhnliches Wunder war geschehen! Aus den Versen davor können wir schließen, dass dieses Wunder das Ergebnis einer Kultur des Gebets und eines regelmäßigen gemeinsamen Gebets-Rhythmus war, den die erste Gemeinde schätzte und in ihre Grundstruktur eingebaut hatte.

Dieses Wunder hatte seinen Ursprung weniger in persönlicher Kraft oder Frömmigkeit, sondern darin, dass die Kraft des Heiligen Geistes hineinkam in diese Notsituation.

---

[67] *NGÜ.*

Wenn unser gemeinsames Gebet Teil unsere Gemeindekultur wird, dann wird eine Atmosphäre und Umgebung geschaffen, in der es der Heilige Geist viel leichter hat das zu tun, wonach er sich sehnt. Petrus und Johannes verwiesen schnell auf die Kraft Gottes als ein bestätigendes Zeichen der manifesten Gegenwart Gottes.

Die Autorität der Apostel lag darin begründet, dass sie ihnen von Jesus gegeben worden war. In Lukas 10, 19 heißt es:

„Es ist wahr, ich habe euch Vollmacht gegeben, auf Schlangen und Skorpione zu treten und die ganze Macht des Feindes zu überwinden, und nichts wird euch schaden können." [68]

Auch wir haben diese Autorität von Christus erhalten, um ihn als seine Botschafter zu repräsentieren. Wir kommen zu Gott aufgrund des vergossenen Blutes von Jesus, darin liegt die Kraft des Gebets. Wir sind schwache Leute mit unstetem Gemüt und unbeholfenen Worten, wir sind leicht abzulenken, schlafen schnell ein, verlieren schnell den Mut, verpassen den Schups Gottes zum Gebet. Wir sind die schwächsten Lehrlinge, aber dennoch sind wir seine

---

[68] *NGÜ.*

Auserwählten, die von ihm gewählten Gefäße für das gemeinsame Gebet, in aller Schwachheit, so dass ER auf diese Weise verherrlicht wird, sogar in der Schwachheit unsres Gebets.

Ich möchte jetzt niemanden dazu drängen, eine Art SAS[69] für das gemeinsame Gebet zu gründen; eine Elite-Spezialeinheit, die sich vom „Fußvolk" – wie du und ich – abhebt. Diese speziellen Leute erleben übernatürliche Dinge, sie können wortgewaltig beten, ihre Worte lassen die Festungen einstürzen, sie können mit Leichtigkeit Berge versetzen. Stattdessen rufe ich nach einer Armee von „Normalos", einer Armee gewöhnlicher Leute, die zusammenstehen und einander helfen, Jesus zu glauben, wenn er im Grunde sagt: „Hört mal, Leute, wenn ihr betet, passiert was."

Wir brauchen keinen gewaltigen Wortschatz, wir müssen einfach nur wissen, wessen Haus es ist, und dass der

---

[69] Special Air Service (SAS) ist eine Spezialeinheit der Britischen Armee, vgl.: https://de.wikipedia.org/wiki/Special_Air_Service [30.07.2019]

rechtmäßige Besitzer, mit gutem Recht, sein Anrecht wieder angemeldet hat.

8
BAUM
GEMEINSAMES GEBET IST WIE DAS ENTWURZELN EINES BAUMES!

Im Jahr 1744 fing Jonathan Edwards an, das gemeinsame Gebet sehr ernst zu nehmen. Er lud alle Gemeinden ein, zu denen er Kontakt hatte, sich zu bestimmten Zeiten mit ihm im Gebet eins zu machen. Sie beteten, jeweils an ihrem Ort, eine Zeit lang für dieselben Dinge. Ein paar Jahre später legte er seine Gedanken in einem Buch dar, mit dem ziemlich langen Titel: *„Ein bescheidener Versuch, eine klare Einigung und sichtbare Einheit des Volkes Gottes zu fördern, durch ein außerordentliches Gebet für die Erneuerung des Glaubens und die Ausbreitung des Reiches Christi hier auf Erden."* Später lief es einfach unter dem Namen: *„Ein bescheidener Versuch"*. Edwards' Vision für das gemeinsame Gebet wurde von William Carrey und denen, die mit ihm zusammen an der

Gründung der Baptist Missionary Society[70] arbeiteten, mit großer Begeisterung aufgegriffen.

In jüngster Zeit haben wir unseren eigenen „bescheidenen Versuch" unternommen, indem wir die Gemeinden vor Ort dazu eingeladen haben, sich an zentralen Punkten (Hubs) zusammenzutun, um an verschiedenen Orten, aber zur selben Zeit zu beten. Es ist ein außerordentliches Gebet, an verschiedenen Orten, mit einem Sinn für den besonderen Anlass. Es gibt eine klare Einigung, weil wir uns an den verschiedenen Veranstaltungsorten („Hubs") bei den Gebetsanliegen auf ähnliche Themen konzentrieren. Es gibt eine sichtbare Einheit, weil wir uns, obwohl wir uns an verschiedenen Orten und in unterschiedlichen Zeitzonen befinden, am selben Tag und zur selben Zeit unsrer Zeitzone treffen, und unsere Einheit demonstrieren, indem wir für die gleichen Anliegen beten, und zwar in großen Gruppen – das Gebet Vieler!

---

[70] Vgl.: https://www.bmsworldmission.org/ [31.07.2019]

AUßERORDENTLICHES GEBET

Das „Außerordentliche" an Edwards ursprünglichen Gebetsveranstaltungen war, dass sie nicht die regulären wöchentlichen oder routinemäßigen Gebetstreffen der Ortsgemeinde waren, sondern mit einem Sinn für diesen besonderen Anlass über das Alltägliche hinaus vereinbart wurden. Diese Treffen hatten ernsthafte und zielorientierte Absichten. Edwards und seine Kollegen beschlossen anfänglich, sie über sieben Jahre aufrecht zu erhalten, um entscheiden zu können, ob anhand von Reaktionen etwas an Auswirkungen zu sehen sei oder nicht. Edwards war es bewusst, dass man für Dinge manchmal länger beten muss und forderte zu einer längerfristigen Verpflichtung auf.

SICHTBARE EINHEIT

Die Gemeinden, die auf Edwards Aufruf reagierten, machten das Gebet zu einem Ausdruck ihrer Einheit in Bezug auf das Evangelium. Ich bin immer noch davon überzeugt, dass die kleinen Anfänge, die wir mit unseren *Enough*-Gebetstreffen sehen, das Potential haben, noch weitere etliche Tausend in einer sichtbaren Einheit zu vereinen. Wir haben darum gebeten, dass Gemeinden, wo immer es möglich ist, an „Hubs" (Knotenpunkten) zusammenkommen (vielleicht Minimum zwei bis drei Gemeinden), idealerweise in Gruppen von nicht weniger als 100 Leuten. Diese „Hubs" sind dann greifbarer Ausdruck unsrer sichtbaren Einheit, auch wenn wir wissen, dass es nur ein Teil eines größeren Ganzen ist. In gewisser Weise schafft die Technologie heute über Live Stream, Skype, Videounterhaltung und Videobotschaft die Voraussetzung dafür, dass die Einheit sichtbarer werden kann als je zuvor. Sogar über Kontinente und Zeitzonen hinweg können wir ein gewisses Maß an Einheit haben.

KLARE EINIGUNG

Die Schönheit dessen, dass sich viele Gemeinden zusammentun, um für gemeinsame Gebetsanliegen zu beten, ist das Geniale an einer über-gemeindlichen Gebetszeit. Edwards war der Meinung, dass die Tagesordnung der Gebetszeit um das herum gestaltet werden sollte, was Gott gesagt hat, dass er tun möchte:

„Das, was Gott reichlich zum Gegenstand seiner Verheißungen macht, sollte Gottes Volk reichlich zum Gegenstand seiner Gebete machen." [71]

Unser Modell haben wir von Jonathan Edwards übernommen, aber unsere Inspiration kam von Paulus. Der Vers, der uns inspirierte, steht in 2. Korinther 1, 11. Paulus schreibt an die Gemeinde in Korinth und denkt über seinen Auftrag nach, mit dem er beschäftigt ist, über dessen ungeheures Ausmaß und über die Herausforderungen, die dieser mit sich bringt. Er sagt den Korinthern:

„Auch ihr könnt dabei mithelfen, indem ihr für uns betet. Wenn viele das tun, werden dann auch viele Gott für die Gnade danken, die er uns erfahren lässt." [72]

Die Aussage: „Wenn viele das tun", also wenn viele beten, hat unsere Aufmerksamkeit erregt, als wir über gemeinsames Gebet nachdachten. Wenn man sich das Neue Testament anschaut, dann denke ich, dass es richtig ist, zu sagen, dass man nicht sehr viele Belege dafür findet, dass Paulus oder einer

---

[71] Jonathan Edwards, *A Call to United Extraordinary Prayer: An Humble attempt...* (James Nisbett, 1831) S. 106
[72] NGÜ.

der anderen Autoren des Neuen Testaments von der Größe einer Gemeinde als von etwas spricht, das wichtig wäre, um für die Mission fruchtbar zu sein. Natürlich wünschen wir uns alle, dass die Gemeinde größer wird und wächst und für mehr und mehr Menschen, dass sie den HERRN kennenlernen, aber selbst eine kleine Gemeinde kann an ihrem Ort fruchtbar sein, indem sie wächst – es gibt keine optimale Größe für Fruchtbarkeit.

Wenn ich diesen Vers lese, kommt es mir jedoch so vor, als ob es Paulus sehr bewusst gewesen wäre, dass Gebet desto wirkungsvoller ist, je mehr Leute daran beteiligt sind, weil er vom „Gebet Vieler" spricht, das tatsächlich eine Antwort vom Himmel hervorruft, für die wir dann danken können.

Auch Spurgeon scheint die Kraft zu bemerken, wenn Viele zusammen beten:

„Es hat unlängst einer gesagt, zwei- oder dreitausend Menschen, hätten nicht mehr Macht im Gebet als zwei oder drei. Es kommt mir vor, das wär in mancher Hinsicht ein arges Missverständnis; jedenfalls aber in Rücksicht der Betenden auf einander. Denn habt ihr nie bemerkt, dass, wenn viele zum

Gebet zusammenkommen, die Wärme des Verlangens und die Glut der Inbrunst dadurch sehr gesteigert wird?" [73]

Wie kommen wir dazu, zu denken, dass dieses Gebets-Konzert, diese Gebetszusammenkünfte wirkungsvoller sind, weil wir Viele sind?

Vor einigen Jahren hatten wir in unserem Garten hinterm Haus eine Konifere, die sehr groß geworden war. Dann war es soweit, dass wir sie fällen mussten. Da es das erste Mal war, dass ich einen Baum zu fällen hatte, sägte ich ihn ganz unten am Boden ab und machte mich dann an die lange, harte und mühsame Arbeit, all die Wurzeln auszugraben. Das dauerte eine ganze Weile und kostete viel Schweiß, und ich bin sicher, es blieben noch einige Wurzeln im Boden. Es war das erste Mal, dass ich so etwas machte, und es war nicht gerade die schönste Arbeit. Als ich damit fertig war, dachte ich mir: „Das möchte ich so schnell nicht noch einmal machen!" Es war eine

---

[73] Entnommen aus: Schriftenarchiv der Bibelgruppe Langenthal, Spurgeon P22-001 – Eine Gebetsversammlung, Abschnitt II, aus Predigten – Band 6, Verlag J. G. Oncken, 1877
Über Apostelgeschichte 12,12, zuletzt bearbeitet: 01.01.12 21:55:54, https://schriftenarchiv.ch/texts/10654 [05.08.2019]

ziemliche Arbeit, all diese Wurzeln auszugraben – eine Menge harter Arbeit im Alleingang.

Einige Jahre später gab es da einen Weidenbaum, diesmal in unserem Vorgarten, der ebenfalls zu groß geworden war für den Garten. Ich erinnere mich, wie ich mit einiger Besorgnis daran dachte, dass wir wieder Wurzeln auszugraben hätten. Ein Freund, der sich besser mit Baumoperationen auskennt als ich, gab mir einen Rat. Er sagte, dass wenn wir den Baum fällen würden, ihn, anstatt ihn ganz unten am Boden abzuhauen, nur etwa mannshoch absägen sollten. Seine Erfahrung war, dass, wenn man so etwas machen müsse, man zusammen als Gruppe, den Stamm nehmen und die Wurzel ausheben – gemeinsam ausheben – könne. Miteinander könnte man ihn viel leichter entwurzeln, als wenn man sich, alleine, mit einem Spaten an den Wurzeln zu schaffen machte.

Wir befolgten seinen Ratschlag, hatten aber trotzdem noch eine Menge Arbeit zu verrichten und mussten um den Fuß des Baumes herum aufgraben – er sprang nicht einfach so aus dem Boden – nichtsdestotrotz ist es ein gewaltiger Unterschied, ob man den Stamm mit einer Gruppe von Freunden gemeinsam aushebelt oder ob man ganz alleine die Wurzeln mit einem Spaten ausgräbt.

Je mehr Freunde man hat, die einem helfen, den Stamm als Hebel zu benutzen, desto leichter ist es, etwas zu entwurzeln. Wir haben sogar festgestellt, dass nur mein Freund und ich allein schon eine Hebelwirkung hinbekommen und Dinge entwurzeln können, bei denen es ohne Hilfe viel schwieriger wäre.

Jetzt übertrage man das Bild auf das gemeinsame Gebet, und ich meine der Vergleich funktioniert. Allein zu beten ist kraftvoll. Jakobus sagt uns, dass Elia ein Mensch war wie wir, und dass das Gebet eines gerechten Menschen kraftvoll und wirkungsvoll ist (vgl. Jakobus 5, 16-18). Also wissen wir, dass das Gebet eines Einzelnen einen großen Unterschied bewirken kann. Die Bibel betont aber genauso, dass wenn Gemeinden zusammenkommen, generationsübergreifend – egal ob junger Christ oder schon viele Jahre im Glauben, egal ob Kind oder Pensionär, egal wie alt, egal mit welcher Erfahrung – wenn wir [also] zusammenkommen und unsere Gebete zusammen wirksam als Hebel einsetzen, in diesem großen Gebets-

Konzert, dann ist das ein unglaublich kraftvolles Ereignis, das geistlich gesehen, Dinge entwurzeln kann.

Die Wurzeln sind ein Bild für die Unterwanderung unsrer Welt um uns herum durch den Feind[74]. Die Bibel sagt, dass die Erde dem HERRN gehört und alles, was darin ist. Aber der Teufel ist gekommen wie ein Dieb, ein Lügner, ein Betrüger und Zerstörer, und wir können beobachten, dass die dämonischen Wurzeln seiner Werke viele Bereiche unsrer Welt durchdringen. Sie durchdringen die Nationen und Gesellschaften, in denen wir leben, und sie durchdringen sowohl das Leben der Leute um uns herum, die wir kennen und lieben, als auch globale Angelegenheiten usw. In anderen Teilen der Welt scheint es manchmal fast so zu sein, dass die Wurzeln der Werke des Feindes sich in einem solch verheerenden Ausmaß ausgebreitet haben, dass man kaum noch etwas vom Boden sieht. Wir könnten denken: „Wie, wie nur sollen wir all das entwurzeln?"

Aber auch wenn diese Wurzeln unausrottbar zu sein scheinen, gehört doch die Erde dem HERRN. Diese Wurzeln

---

[74] Vgl. Psalm 24, 1.

sollten nicht da sein und sie müssen ausgerissen werden. Wenn wir in großen Gruppen beten (unsere Vision für *Enough* ist es, dass wir weltweit bis auf 20.000 Leute anwachsen, denn je mehr Leute wir für die Entwurzelung im Gebet gewinnen können, desto erfolgreicher ist die Entwurzelung), also, wenn wir in großen Gruppen beten, dann bedeutet das, dass wir in einem größeren Ausmaß erleben werden, dass Festungen des Feindes entwurzelt werden. Die Erde wird davon befreit sein und wird kultiviert werden können, und die Saat des Königreiches Gottes kann eingesät werden.

Wenn wir uns also zusammen auf eine Reise durch unser Gebets-Konzert begeben, wenn wir für dieselben Dinge beten, während wir Videos anschauen, Postkarten ausfüllen, und andere Aktivitäten unternehmen, wenn wir dafür beten, dass Menschen den HERRN kennenlernen, indem uns die Leiter durch die Aktivitäten leiten, dann übt jedes einzelne Gebet jedes Einzelnen eine gewaltige Hebelwirkung auf diesen großen Baumstamm aus. Gemeinsam können wir sagen:

„Dein Reich komme. Dein Wille geschehe ... auf Erden."[75] – selbst auf der Erde – wie im Himmel. Wir werden zum Durchbruch verhelfen, indem wir zusammen an einem Strang ziehen, zusammen unser geistliches Gewicht am Ende des Hebels einsetzen, um den Willen Gottes herbeizuführen, wie im Himmel.

Das bedeutet jetzt nicht, dass wir uns aufmachen müssen, um hart zu arbeiten! Wir müssen aber immer noch das Evangelium predigen, um die Gesellschaft zu beeinflussen und den Menschen um uns herum die Gute Nachricht zu überbringen, wir müssen immer noch ein bisschen graben – Gebet ersetzt nicht einfach die Arbeit, die wir tun müssen. Jesus hat uns gesagt, dass wir in alle Welt gehen und das Evangelium predigen sollen; wir haben immer noch etwas zu tun, aber es ist viel leichter, die Arbeit des Königreichs zu tun, wenn wir im Gebet schon angefangen haben, die Dinge zu entwurzeln, von denen wir wollen, dass sie verschwinden, so dass, wenn wir anfangen diese Wurzeln auszugraben, sie viel leichter nach oben kommen.

---

[75] *Die Bibel nach Martin Luthers Übersetzung.*

WIRST DU DICH DER REVOLUTION ANSCHLIEßEN?

Das Anliegen dieses Büchleins ist, Dich und deine Gemeinde für eine Revolution des Gebets zu gewinnen. Über Generationen und Nationen hinweg ist das gemeinsame Gebet abgeebbt und angeschwollen, wenn Gott sich aufgemacht und an vielen Leuten gewirkt und gearbeitet hat.

Wir haben bemerkenswerte Gelegenheiten, die Dinge in unsrer Welt zu verändern durch das, was wir tun und sagen, aber noch viel grundlegender durch unsere gemeinsamen Gebete.

> *„Es gibt kein Problem, das durch Gebet nicht gelöst werden könnte: keine Krankheit, die nicht geheilt werden könnte; keine Last, die nicht gehoben werden könnte, kein Sturm, der nicht überstanden werden könnte, keine Verwüstung, der nicht Abhilfe geschaffen werden könnte, kein Kummer, der nicht verschwinden könnte, kein Armutskreislauf, der nicht durchbrochen werden könnte, kein Sünder, der nicht errettet werden könnte, kein Untergehender, der nicht gerettet werden könnte, kein Gefallener, dem nicht wieder auf die Beine geholfen werden könnte, kein Schmerz, der nicht gestillt werden könnte, keine zerbrochenen Beziehung, die nicht wiederhergestellt werden könnten, keine Streitigkeiten, die nicht beigelegt werden könnten, kein Hindernis, das nicht ausgeräumt werden könnte,*

keine Begrenzung, die nicht überwunden werden könnte, keine Wehklage, für die es keinen Trost gibt, es gibt keine Asche, die nicht zur Schönheit werden könnte, keine Schwere, über die sich nicht der Mantel des Lobpreises legen könnte, kein Durst oder Hunger, der nicht gestillt werden könnte, kein Hunger, kein trockener Boden, der nicht bewässert werden könnte, keine Wüste, die nicht blühen könnte, keine Versammlung, die nicht wiederbelebt werden könnte, kein Prediger, der nicht gesalbt werden könnte, keine Kirchenbank, die nicht gefüllt werden könnte, kein Gemeinde-Leitungsteam, das nicht „eins" werden könnte, keine Gesellschaft, die nicht christianisiert werden könnte und keine Nation, die nicht verändert werden könnte." [76]

Wenn diese Worte wahr sind, und ich glaube, dass sie es sind, dann lasst uns das gemeinsame Gebet zu „einer Seuche" machen und die Revolution fortsetzen. Dann werden wir nicht nur um uns herum große Fruchtbarkeit sehen, sondern auch dabei mithelfen, das Gebet wieder an die erste Stelle des Gemeindelebens zurück zu setzen, wo es hingehört.

---

[76] Anon, angepasst von Toni Cauchi von Mary Stewart Relfe, *Cure of all Ills* (League of Prayer, 1998), Mary Stewart Relfe S. 5 (leicht angepasst von Tony Cauchi) http://www.revival-library.org/index.php/resources-menu/revival-quotes/prayer

9
ANHANG: WERKZEUGKISTE

EIN PAAR PRAKTISCHE ANREGUNGEN, WIE WIR DAS GEMEINSAME GEBET FÖRDERN KÖNNEN

In Apostelgeschichte 7, 49 heißt es:

> *„Der Himmel ist mein Thron, und die Erde ist mein Fußschemel. Was für ein Haus wollt ihr da für mich bauen? sagt der Herr. Und wo wollt ihr einen Ort finden, an dem ich wohnen könnte?..."* [77]

Und in Markus 11, 17 heißt es:

> *„Und er lehrte und sprach zu ihnen: Steht nicht geschrieben (Jesaja 56, 7): 'Mein Haus wird ein Bethaus heißen für alle Völker'? Ihr aber habt eine Räuberhöhle daraus gemacht."* [78]

---

[77] NGÜ.
[78] *Die Bibel nach Martin Luthers Übersetzung.*

Und in Psalm 132, 13+14

> *„Denn der HERR hat Zion erwählt, hat ihn begehrt zu seiner Wohnstätte: 'Dies ist meine Ruhestatt für immer, hier will ich wohnen, denn ich habe ihn begehrt...'"* [79]

Wir alle treffen Entscheidungen, wofür wir Geld ausgeben und wie wir unsere Zeit verbringen. Wir treffen Entscheidungen und im Großen und Ganzen entscheiden wir uns für die Dinge, die uns am meisten Wert sind, die uns am meisten begeistern und die uns am meisten interessieren. Wenn wir ein Haus bauen (ein Haus des Gebets) wird dies auf jeden Fall nur dann etwas sein, wofür wir Zeit, Energie und Kosten aufwenden, wenn wir wertschätzen, was wir bauen. Was wir aber am Ende herausfinden werden, ist, dass wir eine tiefe Beziehung zu Gott gebaut haben und ein Haus, das uns den Atem raubt. Eileen Crossman erzählt in ihrer Biographie über James Fraser eine Analogie, die dieser benutzte. Fraser versuchte den Volksstamm der Lisu in China mit dem Evangelium zu erreichen. Er sagte:

---

[79] *Elberfelder Bibel.*

„Ich komme mir vor wie ein Geschäftsmann, der bemerkt, dass eine bestimmte Art der Ware besser verkauft wird als jede andere, die es in seinem Laden gibt, und der beabsichtigt, diese zu seiner Hauptinvestition zu machen; der ein in der Tat unerschöpfliches Angebot sieht und eine nahezu unbegrenzte Nachfrage nach einem gewinnbringenden Artikel, und der beabsichtigt mehr auf diesen zu setzen als auf alles andere. Die NACHFRAGE ist der verlorene Zustand dieser Zehntausend Lisu und Kachin, ihre Unwissenheit, ihr Aberglaube, ihre Sündhaftigkeit; ihre Körper, ihr Geist, ihre Seelen; das ANGEBOT ist die Gnade Gottes, dieser Not zu begegnen - diese wird durch das anhaltende Gebet eines beachtlichen Unternehmens, des Volkes Gottes, zu ihnen herabgebracht. Alles was ich tun möchte ist, als eine Art Mittelsmann Angebot und Nachfrage zusammenzubringen." [80]

Fraser schließt:

„Ich habe immer gedacht, dass Gebet den ersten Stellenwert haben sollte und Lehre den zweiten. Jetzt denke ich, dass es richtiger wäre, Gebet den ersten, den zweiten und den dritten Platz einzuräumen und der Lehre den vierten." [81]

---

[80] Eileen Crossman, *Mountain Rain* (OMF, 2001), S. 181.
[81] Eileen Crossman, *Mountain Rain* (OMF, 2001), S. 201.

Ein Haus des Gebets zu bauen, eine Gemeinde, in der alles vom Gebet durchdrungen ist, fordert von jedem Zeit, Kraft und die Bereitschaft, etwas zu investieren. Manche Dinge erreicht man am besten, wenn man sie mit anderen zusammen tut. Wir sollten selbstverständlich für uns allein beten, aber mit anderen zusammen zu beten ist genauso wichtig für unser Leben als Christen. Gebet ist, wie wenn man ein großes Haus baut. Wenn eine Person alleine versucht es zu bauen, wird sie länger brauchen bis das Projekt fertig ist, als wenn sie Hilfe hat.

Egal ob Schreiner oder Herzchirurg, Klempner oder Professor, Kleinkind oder Senior, introvertiert oder extrovertiert, gebildet oder ungebildet, Akademiker oder eher Praktiker, es braucht jeden, um dieses Haus zu bauen. Da gibt es einen Teil des Baues, den Gott Dir zugedacht hat, und eingeplant hat, dass du dort deinen Platz einnimmst. Wenn Du nicht mitmachst, hat das möglicherweise zur Folge, dass ein Loch im Dach bleibt!

Genauso schlecht wäre es, wenn das gemeinsame Gebet nur auf eine Art und Weise und nur für eine bestimmte Art von Arbeitern konzipiert wäre. Das hätte zur Folge, dass nur Leute, die in einer bestimmten Weise gestrickt sind, in eine gemeinsame Gebetsgruppe passen würden, dadurch würde sich manch einer überflüssig und nutzlos vorkommen. Ich bin davon überzeugt, dass das gemeinsame Gebet nichts für Experten ist, es ist für alle, die Jesus nachfolgen, und es sollte in einer Art und Weise geleitet werden, dass es für alle, mit ein bisschen Einsatz und Engagement, eine leichte Aufgabe ist. Wenn man versucht etwas zu machen, wozu man sich nicht befähigt fühlt, ist das für alle frustrierend und demotivierend.

Gebet braucht ein bisschen Übung, genauso wie man für jedes Bauhandwerk Übung und Fertigkeiten braucht. Aber Beten kann von jedermann gelernt werden. Man denke daran, dass Jesus seine Jünger lehrte, wie sie beten sollten. Sie hatten das Gefühl, dass sie ein wenig Hilfe brauchten, um es richtig zu machen. Zu lernen, wie man die Werkzeuge des gemeinsamen Gebets richtig gebraucht, ist wie eine Berufsausbildung machen. Es ist nötig, dass wir eine Vorstellung von dem Endprodukt vor Augen haben. Wir müssen die Werkzeuge immer wieder gebrauchen, bis uns das gelingt, was wir vor Augen haben. Viele meiner besten Gebete und Predigten sind während Tagträumen entstanden oder nachts, wenn ich im Halbschlaf war. Ich erwachte mit dem Gedanken: wenn ich doch bloß so beten könnte, wenn es darauf ankommt!

Gemeinsames Gebet ist Zusammenarbeit zwischen Gott und Gottes Volk. Er weiß, was er baut. Er hat das Hausdesign vor Augen. Wir arbeiten nicht allein auf uns gestellt, um ihn zu erreichen, ER arbeitet zusammen mit uns an einem Projekt. Wir müssen daran denken, dass es unser williger Gehorsam ist, und nicht unser Können und unsere Qualifikation, die zum Sieg führen. Aber auch dann, wenn uns das Erstere fehlt: Seine Gnade und Liebe für uns reichen vollkommen aus, um unseren Mangel auszufüllen. Er ist groß genug, um uns von allem zu erlösen, was bei uns nicht stimmt. Er nimmt den Druck auf sich, er ist der Vorarbeiter und er übernimmt die Verantwortung. Ihm liegt mehr daran das Haus zu bauen als uns. Er sagt: „Mein Haus wird… heißen" (vgl. Markus 11, 17 nach Luther). Es ist SEIN und nicht unser Haus.

Was ist nun das Handwerkszeug, das wir brauchen? Wie errichten wir dieses Haus des Gebets? Oder um es anders auszudrücken: Wie sieht das ideale Gebetstreffen aus und wie kommt es zustande?

FASTEN

Fasten hat mich immer verwirrt. Da es etwas ist, was wir tun, habe ich mich gefragt: „Macht es meine Gebete wirkungsvoller?" Es schien mir etwas zu sein, was wir tun, um etwas dafür zu bekommen. Es hat mir geholfen, Fasten als eine Waffe anzusehen, mit deren Hilfe ich Land einnehme, und nicht als eine Leistung zu sehen, durch die ich mir etwas verdiene. Ich musste an eine Szene aus dem Film „Crocodile Dundee" denken, in der Mike Dundee vor einem Jugendlichen steht, der ein Messer zieht und ihn überfallen will. Mike schaut verächtlich auf das Messer und sagt: „Das ist kein Messer, *das* ist ein Messer!" und zieht sein Buschmesser hervor, das das Messer seines Angreifers wie ein Zwergen-Messer aussehen lässt. Fasten ist eine solche Waffe! Es gibt Zeiten, in denen das Gebet kombiniert mit Fasten eine sehr angebrachte und wirksame Kombination ist. Ein Beispiel aus Nehemia 1, 4:

„Und es geschah, als ich diese Worte hörte, setzte ich mich hin, weinte und trauerte tagelang. Und ich fastete und betete vor dem Gott des Himmels." [82]

Als Nehemia von dem armseligen Zustand Jerusalems und des Volkes Gottes hörte, antwortete sein Herz, indem es sich damit identifizierte, wie Gott sich dabei fühlen musste. In dieser Situation waren seine Gebete richtigerweise von einer Zeit des Fastens begleitet und kraftvoll in Anbetracht der Zeit der Wiederherstellung, die vor ihnen lag.

In letzter Zeit habe ich entdeckt, dass freitags von meinem Mittagessen zu fasten und diese Zeit im Gebet Gott zu widmen, möglicherweise eine nachhaltige Übung ist, die mir helfen kann verschiedene Dinge Gott gegenüber zum Ausdruck zu bringen. Fasten hilft mir bei meinem Entschluss, mich nicht von meinen Begierden beherrschen zu lassen, sondern Gott die erste Priorität einzuräumen, dem meine Hingabe gebührt. Fasten hilft mir auch, meine Sehnsucht nach dem Wirken Gottes zum Ausdruck zu bringen, und mich zu demütigen, damit mir wieder neu bewusst wird, dass

---

[82] *Elberfelder Bibel.*

ich in allem von Gott abhängig bin. Wie Jesus es sagte: „Der Mensch lebt nicht vom Brot allein…" (vgl. Mt. 4,4 + Lk. 4,4 nach Luther).

In Komfort-Gesellschaften kann Fasten schwirig sein, aber wenn wir uns dafür öffnen, von der weltweiten Gemeinde zu lernen, werden wir feststellen, dass in Ländern, in denen Verfolgung der Gemeinde normal ist, Fasten ein wesentliches Werkzeug ist, um die Gemeinde zu erbauen.

ANBETUNG

Es hilft, wenn man bei einer Gebetsveranstaltung gute Musiker hat. Es muss keine vollständige Band sein, obwohl das hilfreich sein kann, aber etwas, das es möglich macht, während der ganzen Gebetszeit Musik zur Verfügung zu haben, falls man diese benötigt. Ich bevorzuge einen Anbetungsleiter, der die Fähigkeit hat, bekannte Songs aufzugreifen, die von der Gemeinde angestimmt werden, und der sowohl das Singen im Geist (in Sprachen) als auch das gemeinsame Singen ermöglicht, bei dem Einzelne Psalmen, Hymnen und geistliche Lieder anstimmen. Ein erfahrener Lobpreisleiter kann in Lieder übergehen, die für einen bestimmten Moment passen, die aber möglicherweise nicht „auf der Liste stehen".

Lobpreis und Anbetung sollten auf das Wesen Gottes ausgerichtet sein, auf seine Verheißungen und Seine Taten, an unserer Statt.

In Psalm 100, 4 heißt es:

> *„Zieht ein in seine Tore mit Dank, in seine Vorhöfe mit Lobgesang! Preist ihn, dankt seinem Namen!"* [83]

Vor Gott kommen, um ihm dafür zu danken, wer ER ist und, was ER getan hat, ist ein notwendiger und wesentlicher Bestandteil unserer Gebete. Wir denken dabei mehr darüber nach, wen wir bitten als über die Größe oder Schwierigkeit unsrer Anliegen.

DIE GEISTESGABEN BEIM GEMEINSAMEN GEBET

Es ist nicht immer leicht zu entscheiden und umzusetzen, wann oder wie man einen Plan zur Seite legen muss, weil der Heilige Geist in eine andere Richtung führt, und wann oder

---

[83] *Elberfelder Bibel.*

wie man von einer Kursabweichung des Heiligen Geistes zurückkommt auf das, was geplant war. Deshalb befürworte ich, dass eine Gebetsveranstaltung von einem Team geleitet wird, damit zwei oder drei sich beraten können, was der nächste Schritt ist, bei dem, was Gott gerade tut.

PROPHETIE

Oft stelle ich fest, dass besonders in Gemeinden, die sich mit den Geistesgaben sehr wohl fühlen, ein großer taktischer Fehler gemacht wird, indem man, sobald das Anliegen vorgetragen ist, allzu schnell versucht Gott zu hören. Nichtcharismatische Gemeinden sind oft besser im Beten, weil sie nicht wissen, was sie sonst machen sollen! Bringt eure Anliegen vor, geht nicht so schnell zur Prophetie über. Prophezeit nicht über die Anliegen: Betet hinein in die Situation!

Wenn Gemeinden jedoch echte prophetische Worte empfangen, gibt uns Gott einen Großteil der Gebetsagenda der Gemeinde für die kommende Saison. Wir müssen seine prophetischen Zusagen ins Entstehen hineinbeten, wie lange das auch immer dauern mag. Prophetische Worte dürfen nicht zu den Akten gelegt und vergessen werden, sondern müssen als Treibstoff benutzt werden für eine sich weiterentwickelnde Vision und das Gebet.

DIE GABE DES SPRACHENGEBETS

Die Wichtigkeit sowohl im Geist als auch mit unserem Verstand zu beten, kommt in den Gedanken des Paulus in 1. Korinther 14, 15 zum Ausdruck:

> *„Wie soll es aber sein? Ich will beten mit dem Geist und will auch beten mit dem Verstand; ich will Psalmen singen mit dem Geist und will auch Psalmen singen mit dem Verstand."* [84]

Beim gemeinsamen Gebet kann es oft passieren, dass wir müde werden und uns die geistige Kraft fehlt. Außerdem denke ich, dass wir im Westen dranbleiben und mehr in Sprachen beten sollten, als es uns lieb ist, bis zu einem Punkt, an dem sich unter Umständen unser logischer Verstand angegriffen fühlt. Für die, die jetzt sagen: „Und was ist mit den Außenstehenden?", würde ich sagen, dass gemeinsame Gebetsveranstaltungen für Gemeindemitglieder bestimmt

---

[84] *Die Bibel nach Martin Luthers Übersetzung.*

sind. Über den Gebrauch von Sprachengebet habe ich auch anderorts geschrieben (vgl. meinen Blogeintrag auf „Think Theology")[85] Es soll hier genügen, zu sagen, dass ich davon überzeugt bin, dass es, sowohl gesungen als auch gesprochen eine wichtige Komponente des gemeinsamen Gebets ist.

PLANEN

Ein Gebetstreffen im Rahmen einer versammelten Gemeinde zu planen ist sehr wichtig. Ein Plan sollte Spontanität unterstützen und sie nicht behindern. Wenn man sich alle Werkzeuge zurechtgelegt und einen Plan gemacht hat, kann man im eigenen Design und Stil noch etwas zu dem jeweiligen Thema hinzufügen.

Ben Patterson sagt:

> *„Auch ein gutes gemeinsames Gebet in einer großen Gruppe braucht Planung, wenigstens in dem Maße, wie jeder andere gut geplante Lobpreisgottesdienst. Viele Gebetstreffen lassen gerade in diesem Punkt zu wünschen übrig. Aus irgendeinem Grund herrscht die Meinung, dass ein Gebetstreffen einfach spontan im*

---

[85] www.thinktheology.co.uk/blog/article/tongues_and_more_tips_a_response_to_andrew_wilson [12.08.2019]

Geist „fließen" sollte, was bedeutet, dass es keinen Plan geben sollte, weil ein Plan irgendwie den „Fluss" ersticken würde." [86]

Gutes Planen beinhaltet, dass man für eine Veranstaltung Programmpunkte festlegt. Der Leiter sollte die Veranstaltung entlang dieser Punkte führen und dabei auf den Zeitrahmen achten. Ich habe festgestellt, dass es den Leuten mehr gelingt, sich beim gemeinsamen Gebet zu engagieren, wenn die Tagesordnungspunkte schnell voranschreiten und es viel Kreatives und viele Impulse gibt. Ganz klar gibt es Momente, in denen der Geist Gottes auf eine Veranstaltung oder einen Programmpunkt einen besonderen Schwerpunkt legt, und wir sollten dem dann Raum geben, auch wenn das bedeutet, dass wir manche Punkte in das nächste Treffen mit hineinnehmen müssen. Es ist besser, einen Plan zu haben und den dann über Bord zu werfen, als überhaupt keinen Plan zu haben.

---

[86] Ben Patterson, *Deepening your Conversation with God* (Bethany House Publishers, 1999, 2001), S. 169.

RAUMGESTALTUNG

Ich werde das hier jetzt einfach ansprechen: denkt darüber nach, wie ihr den Raum gestaltet und vermeidet nach Möglichkeit Reihen. Es ist sowieso schon schwierig genug zu beten, ohne dabei im Rücken von jemandem zu beten. Die Gemeinde ist wie eine Familie, die zusammenkommt, nicht wie Fremde in einem Bus.

Sofern es der Platz erlaubt, haben „Hubs" außerdem Gebetsstationen um ihren Gebetsplatz herum eingerichtet. Diese Stationen ermöglichen es, auf verschiedene Art und Weise zu beten und machen Gebet zugänglicher, besonders für Kinder.

PROGRAMMPUNKTE FÜR DAS GEBET

Für was soll man beten? Ein Bereich, der sicherlich gut ausgebaut werden sollte, ist der zu lernen, die Verheißungen, die Gott uns gegeben hat, im Gebet vor Gott zu bringen. Wie von Jonathan Edwards vermerkt:

„Das, was Gott reichlich zum Gegenstand seiner Verheißungen macht, sollte Gottes Volk reichlich zum Gegenstand seiner Gebete machen." [87]

Wenn wir Gott SEINE Verheißungen im Gebet vorbringen, decken sie sowohl die kleinen, aber dennoch wichtigen Einzelheiten unseres Lebens ab („Unser tägliches Brot gib uns heute" [Mt. 6, 11[88]]), als sie auch unsere Augen auf die enormen weltweiten Ziele Gottes auf dieser Erde richten. („In den letzten Tagen aber wird der Berg, darauf des HERRN Haus ist, fest stehen, höher als alle Berge und über alle Hügel erhaben." [Micha 4, 1[89]]).

Bei der Zusammenstellung von Gebetspunkten für eine Gebetsveranstaltung kann es hilfreich sein, sich das Vater Unser anzuschauen und seinem Fluss zu folgen. Anbetung, Danksagung, Gott, SEIN Wesen und SEINE Versprechen, Bitte um Eingreifen und Führung, persönliche allgemeine Bedürfnisse der Versorgung und Reinigung, Anrufung um Befreiung vom Bösen usw. Lehre in der Tat beim Beten zu

---

[87] Edwards, *A Call to United Extraordinary Prayer.* S. 106.
[88] *Die Bibel nach Martin Luthers Übersetzung.*
[89] *Die Bibel nach Martin Luthers Übersetzung.*

sagen: „HERR, du hast gesagt…" und das als Grundlage zu nehmen, auf der man die Gebete vorbringt. Das ist nicht nur biblisch, sondern bewahrt uns auch vor wirklichkeitsfernen, unberechtigten Gebeten.

Eines der Dinge in der Kirche vor vielen Jahren, an die ich mich erinnere war, dass es da einen Part im Gottesdienst gab, in dem der Pfarrer betete. Gewöhnlich war darin Gebet für die Nation enthalten, für aktuelle Anliegen, für die Gemeinde und eine Bitte an Gott, die Leute in der Nachbarschaft zu erretten, zu berühren und zu heilen. Das hatte eine Erhabenheit, die ich nie vergessen habe. Ich würde vorschlagen, dass das etwas ist, was man wiederentdecken könnte. Es hat etwas, wenn jemand die ganze Gemeinde in einem gemeinsamen Gebet für die Nation leitet oder auch für umfassende Anliegen. Es ist eine Möglichkeit, die Aufforderung aus 1. Timotheus 2, 1-2 umzusetzen, „…für die Könige und für alle Obrigkeit…"[90] zu beten. Man beachte, es wird dazu aufgefordert es „vor allen Dingen" zu tun – es sollte seinen besonderen Platz in der Versammlung haben. Für die,

---

[90] *Die Bibel nach Martin Luthers Übersetzung.*

die gerne Spontanität und weniger Formalität im Gemeindeleben haben, möchte ich anmerken, dass nichts Schlechtes daran ist, wenn jemand ein solches Gebet vorbereitet oder zumindest die Punkte, die man auf jeden Fall mit hineinnehmen möchte. Und wenn er dann fünf Minuten dafür verwendet, die Gemeinde in einem ansonsten unstrukturierten Treffen in einem gemeinsamen Gebet zu leiten.

Eine andere beliebte Besonderheit unserer großangelegten gemeinsamen Gebetstreffen, die wir *„Enough"* nennen, sind die „Gebets-Postkarten". Wir suchen jedes Mal zwei oder drei Gemeindegründungs- oder Pioniersituationen unserer Gemeindefamilie aus. In allen Hubs (Gebetszentren) zeigen wir ein kurzes Video, das vor Ort gedreht wurde, und das jedem ein paar Gebetsanliegen für die Gemeindegründung an die Hand gibt. Dann verbringen wir eine Zeit damit in der großen Gruppe für diese Gemeindegründung zu beten. Am Ende der Gebetszeit werden die Gebetspostkarten verteilt und es gibt eine Zeit, in der die Leute die Möglichkeit haben, Gebete für die Gemeindegründung aufzuschreiben, Bibelverse, prophetische Ermutigungen usw. Diese Postkarten werden dann eingesammelt und alle zusammen an die Gemeindegründung geschickt. Besonders Kinder scheinen diesen Part zu mögen. Ein kleiner Junge in unsrer Gemeinde, George, hat sich selbst zum Postkarten-Einsammler ernannt. Jeder, der in der gegebenen Zeit nicht fertig wird, kassiert einen ernsten Blick von George!

Man sollte Sammlungen schriftlicher Gebete oder Glaubensbekenntnisse nicht missachten. Wir haben so die Tendenz entwickelt, davon Abstand zu nehmen, weil sie als „traditionell" angesehen werden, aber man sollte sie nicht geringschätzen, denn es hat einen gewissen Wert sie zu nutzen. Vorgefertigte Gebete, Sammlungen oder Glaubensbekenntnisse können ein sehr hilfreiches Werkzeug sein. Findet man erst mal wieder einen Zugang, dann kann diesem Brauch wieder neues Leben eingehaucht werden. Schriftliche Gebete, Sammlungen oder Glaubensbekenntnisse sollten mit nahezu schauspielerischem Können für alle Anwesenden vorgelesen werden, bevor ein gemeinsames „Amen" kommt, eine gemeinsame Erklärung der Zustimmung. Das ist kraftvoll und vereinend. Man lasse solche Gebete laut und mit Redegewandtheit von einem begabten Redner vorlesen, oder projiziere sie an die Wand und lasse sie von allen zusammen laut vorlesen, bevor ein gemeinsames „Amen" kommt, eine gemeinsame Erklärung der Zustimmung. Diese sorgfältig und kunstvoll gefertigten Quellen haben den Test der Zeit bestanden und können unglaublich kraftvoll sein. Besonders die Glaubensbekenntnisse fungieren als ein enorm wichtiges Lot für die Gemeinde im Hinblick auf Wahrheit und Irrtum.

Vielleicht verschickt man nach der Veranstaltung eine Textnachricht oder eine E-Mail, um diejenigen zu ermutigen, die das erste Mal gebetet oder einen anderen hilfreichen Beitrag geleistet haben.

KINDER BEIM GEMEINSAME GEBET EINBEZIEHEN

Ich überlasse diesen Abschnitt meinen Freunden Daniel und Anna Goodman aus Cambridge:

> *„In Gemeindeveranstaltungen wird viel gesprochen. Reden ist eine großartige Methode zu lehren und zu lernen…, aber sie ist nicht die einzige. Eines der Dinge, die* Enough *tut, ist, dass sie eine Vielfalt hineinbringt, und das nicht nur in der Art und Weise wie gebetet wird, sondern auch in der Art und Weise wie*

wir lernen. In Sprüche 2, 6 heißt es: 'Bring einem Kind am Anfang seines Lebens gute Gewohnheiten bei, es wird sie auch im Alter nicht vergessen.'[91]. *Wenn wir unsere Familie zu* Enough *mitnehmen, dann zeigen wir unseren Jungs, dass Gebet wichtig für uns ist. Und weil so viele andere Familien da sind sehen sie, dass es auch für andere Leute wichtig ist. Sie haben das nicht gelernt, weil wir es ihnen gesagt haben, sondern weil sie es erfahren haben. Das ist ein Teil davon, wie wir unsere Kinder lehren, dass sie ihrerseits wissen, dass Gebet ein kraftvoller und wesentlicher Bestandteil unseres alltäglichen Lebens ist.*

Der visuelle Aspekt, wenn man eine Landkarte betrachtet, kann einem eine bessere Vorstellung von Distanzen vermitteln. Der physische Akt, jemandem eine ermutigende Postkarte zu schicken, kann an und für sich schon eine Ermutigung darstellen! Der Kontrast zwischen einer belebten Halle voller Lärm und einem kleinen Raum zum Nachdenken, kann einen zum Nachdenken bringen. Der gemeinsame Akt des Singens oder miteinander Essens kann der Vorstellung von „Familie" Substanz geben. All das sind Wege, auf denen wir unsere Kinder lehren können zu beten und zu leben.

Nicht nur unsere Kinder, sondern jeden. Von Zeit zu Zeit, wenn wir von einer Gebetsstationen zur anderen gegangen sind, haben wir mitbekommen, wie andere Eltern ihre Kinder mit in die Themen oder in schwierige Fragen einbezogen haben, und wir haben etwas darüber gelernt, was es bedeutet eine

---

[91] *Gute Nachricht Bibel.*

gottesfürchtige Mutter oder ein gottesfürchtiger Vater zu sein. In Matthäus 11, 25 heißt es: 'Zu der Zeit rief Jesus aus: »Ich preise dich, Vater, du Herr über Himmel und Erde, dass du das alles den Weisen und Klugen verborgen, den Unmündigen aber offenbart hast...«' [92]*. Nicht nur unsere Kinder lernen während dieser Gebetszeiten von uns, sondern wir lernen auch von ihnen, wenn Gott ihnen Dinge in ihrem Herzen offenbart. Sie helfen uns in der Art wie wir beten kindlich zu bleiben."*

ATMOSPHÄRE

Mein persönliches Ziel ist es, dass die Atmosphäre entspannt und beziehungsorientiert ist und nicht religiös oder formell. Unterhaltung und Getränke vor der Gebetsveranstaltung können den Fluss unterstützen. Ungezwungenheit zusammen mit Ehrerbietung ist eine großartige Mischung.

Fangt die Veranstaltung mit Geschichten und Zeugnissen an von klaren und eindeutigen Gebetserhörungen, aber ermutigt auch dazu zu erzählen, was Gott gerade zur Zeit im Leben der Einzelnen tut. Manchmal brauchen wir die Hilfe anderer, um Zusammenhänge zu sehen, die wir selbst nicht bemerken. Oftmals hinken ältere Gebetsanliegen hinter dem

---

[92] *NGÜ.*

her, was wir Gott gerade tun sehen. Wenn das passiert, feiert alles, was ihr Gott tun seht, dann entsteht Glauben für mehr. Es liegt eine große Kraft darin darüber zu sprechen, was Gott getan hat. Eine meiner Lieblingsveranstaltungen des Jahres ist der erste Sonntag eines jeden Jahres, wenn der Gottesdienst in meiner Gemeinde ganz und gar der Danksagung und den Zeugnissen gewidmet ist, von dem, was Gott im vergangenen Jahr im Leben der Einzelnen getan hat. Das ist für mich immer eine sehr erstaunliche, bewegende und kraftvolle Veranstaltung!

EIGENDYNAMIK

Es ist allerdings so, dass wir uns manchmal selbst ins Gebet hineinbeten müssen. Wir stehen auch nicht immer morgens auf und denken: „Ich kann es kaum erwarten, zur Arbeit zu gehen.", aber wir müssen gehen, ob wir wollen oder nicht. Mit dem Gebet ist es genauso; wir können uns selbst ins Gebet hineinbeten, besonders, wenn noch andere dabei sind, denn das entzündet etwas in jedem von uns. Es ist wie mit diesen Tagen, an denen man zur Arbeit geht, und kaum ist man mit den Kollegen zusammen, ist man „drin". Gefühle allein erzeugen beim Gebet keine Eigendynamik, es kostet etwas Mühe. Die Bibel ist voller „Indikative" (die Dinge, die wahr sind in Bezug auf uns, ohne dass wir etwas dafür tun müssen, wie z.B. mit Christus auferweckt zu sein) und „Imperativen" (den Dingen, die von uns erwartet werden, dass wir sie tun, aufgrund dessen, wer wir sind, wie z.B. unseren Glauben weiterzugeben).

Die Leute kommen zur vollen Entfaltung, wenn man sie ermutigt. Seid nicht langweilig, sondern schafft vielmehr eine Atmosphäre voller Erwartung: „Was wird Gott wohl heute Abend in der Veranstaltung tun?" Redet nicht miteinander, wenn es los geht oder das nächste Thema vorgestellt wird. Haltet euch kurz und einfach und dann legt los. Manche stellen das Thema so lange vor, dass nur noch zwei Minuten bleiben, um dafür zu beten.

Lasst es nicht zu, dass die Leute ihre Lieblings-Lehrmeinungen vorbeten oder die Dinge, über die sie sich ärgern. Lasst es nicht zu, dass die Leute sich die Gebetszeit selbstsüchtig zu Eigen machen. Lasst keine Routine aufkommen, bei der ihr wisst, wer was wann betet. Es ist wesentlich, dass die Leute, wie bei jedem anderen Beitrag, der in einer Gruppe gemacht wird lernen, in einem gemeinsamen Kontext kollegial zu beten. Betone besonders den Wert von Wiederholungen und kurzen einfachen Gebeten. „Gott hilf uns", reicht schon aus, wenn es von Herzen kommt und man zu Gott aufschaut, indem man seine Hoffnung darauf setzt, wer ER ist und nicht auf die eigene Redegewandtheit. Wenn es in der Veranstaltung Leben gibt, selbst wenn es unreif ist, dann lasst es zu, auch wenn es unordentlich wird; das ist oft ein Zeichen davon, dass es grünt. Meinen Garten muss man oft aufräumen. Das ist ein gutes Zeichen! Das bedeutet, dass Dinge wachsen und in die rechten Bahnen gelenkt werden müssen. Bei einer gemeinsamen Gebetszeit, die fruchtbar ist, ist es nötig, dass die Beiträge gelenkt werden.

Ein weiterer Fehler, den man oft beobachten kann, ist der Mangel an klaren Anweisungen darüber, was von den Teilnehmern einer Gebetsveranstaltung erwartet wird. Möchtet Ihr, dass man sich in Gruppen zusammentut, wie viele, wo sollen sie stehen, wofür soll man beten, ist es ein Gebet aller zusammen, wie lange hat man dafür Zeit? Macht euch Gedanken darüber und gebt klare Wegweisung, was ihr möchtet. Ein Mangel an klaren Anweisungen ist die am meisten zu beobachtende Eigenschaft einer schlecht geleiteten Gebetsveranstaltung. Wenn du die Versammlung oder einen Teil davon leitest, mag es sein, dass du weißt, was du möchtest, dass die Leute tun sollen. Aber sie wissen es erst, wenn du es ihnen sagst!

SEI KREATIV

Es gibt keinen Grund dafür, dass Gebet langweilig sein müsste oder nur auf eine Art verrichtet werden könnte Deshalb brecht aus der Routine aus und helft eurer Gemeinde, das gemeinsame Gebet als Gemeinde zusammen zu entdecken, zu genießen und sich darauf zu freuen.

"Wenn Gott anfängt etwas großartiges Neues zu tun, dann bringt Er sein Volk immer dazu zu beten." Jonathan Edwards

KLINK DICH EIN IN EIN WELTWEITES GEBETS-KONZERT FÜR ERWECKUNG

HEUTE NOCH ANMELDEN

NIMM DEINE GEMEINDE MIT AUF EIN GEBETS-ABENTEUER

ENOUGH SCHAFFT:

- einen Rahmen für wirkungsvolles und anhaltendes gemeinsames Gebet.
- eine anregende Bezugsquelle für Informationen und Brennstoff für das Gebet
- die Gelegenheit, Teil eines einzigartigen weltweiten Gebets-Konzertes zu sein

PRAYERSOFMANY.ORG

www.ingramcontent.com/pod-product-compliance
Lightning Source LLC
Chambersburg PA
CBHW071345080526
44587CB00017B/2969